——德宏州住房和城乡规划建设局村落研究系列丛书

云南德宏傣族传统村落研究

周静帆 李煜 著

中国建筑工业出版社

序

2012 年住房和城乡建设部、文化部、国家文物局、财政部联合启动了中国传统村落的调查，传统村落得到前所未有的重视和发展。2017 年党的十九大报告提出乡村振兴战略，再次给村落的发展带来契机。如何保护传统村落，激活传统村落的竞争力，让优秀的传统文化与资源成为当代村落发展的助力。全面提升村民的生活质量，改善村落的自然环境、文化环境，促进村落经济发展成为当下迫切需要解决的问题。

傣族是个跨境民族，属于东南亚古老的傣泰民族，在我国主要分布于云南省，其聚居地与缅甸、泰国、老挝山水相连，文化相通，创造了文化独特、环境优美的村寨景观。由于傣族聚落分布的地区差异性，使傣寨景观呈现出多样性特征。但由于研究和宣传的片面，导致大众视野里的傣族都居住在干栏竹楼里，甚至大部分学术文献将傣族民居等同于干栏竹楼，殊不知有 60% 的傣族民居并非这种形式。这种错误，只因为我们对傣族聚居地研究得太少。

德宏傣族景颇族自治州是中国最大的傣族聚居地，历史上曾建立过最大的傣族王国—— 勐果占壁，也是最早以乘象国之名进入了历史记载。据统计，有 816 个傣族村寨分布于德宏河谷平坝，这些傣寨一方面融入了傣族朴实的生态观，另一方面依托于德宏得天独厚的自然山水，成为令人向往的诗意栖居空间，对现代人居环境建设具有重要参考意义。

本书分为上下篇，从传统与传承两个方面研究德宏傣族传统村落。上篇从德宏傣族渊源、分布情况、自然风貌、布局特征、空间特征、景观特征等方面研究了德宏傣寨的原真性与特性。下篇从傣族传统村落的保护与发展、现代傣族村落的建设方面提出建议。希望德宏傣寨这种园林化的和谐人居空间能得到传承与发扬。

由于编者研究的局限性，书中可能存在不足与错误，还请读者批评指正，不胜感激。若有好的建议，也请不吝赐教，共同探讨。为德宏传统傣寨的保护与发展，献计献策。

目录

序

上篇：传统

下篇：传承

德宏风光

上篇：　传统

1 概况

1.1 中国傣族分布概况

傣族是一个具有悠久历史的民族，在我国主要分布于云南省，大部分聚居在滇西的德宏傣族景颇族自治州、滇南的西双版纳傣族自治州、滇西南的孟连傣族拉祜族佤族自治县和耿马傣族佤族自治县，少量散居或杂居在澜沧江沿岸的景东、景谷、普洱、凤庆、云县、双江、澜沧；红河沿岸的新平、元江、元阳、金平；金沙江沿岸的武定、永仁、华坪、大姚、禄劝、永胜等县市。此外，玉溪市的通海县、四川省的攀枝花市和广西壮族自治区南盘江沿岸也有零星分布。

截至 2010 年人口普查统计，我国傣族总人口 126 万，其中，德宏傣族人口 34.9 万，占傣族总人口的 27.7%，位居第一，是中国最大的傣族聚居地。西双版纳傣族人口 31.6 万，占傣族总人口 25.1%，位居第二。

1.2 德宏概况

德宏，取傣语，意为“怒江下游的地方”（傣族称怒江为“南宏”，称下为“德”），为傣族景颇族自治州，地处我国西南边陲，位于东经 97° 31′ — 98° 43′ 、北纬 23° 50′ — 25° 20′ 之间。东和东北与云南省保山市的龙陵、腾冲相邻，南、西和西北三面与缅甸接壤，有着长达 503.8 公里的边境线。全州紧靠北回归线附近，纬度低，受印度洋西南季风影响，属于南亚热带季风气候。

德宏地处云贵高原西部，属横断山脉的南延部分。高黎贡山的西部山脉延伸入德宏境内形成东北高而陡峻，西南低而宽缓的切割山原地貌。全州最高点在海拔 3404.6 米的大娘山，低点在海拔仅有 210 米的羯羊河谷，境内高差达 3000 多米，具明显的立体气候，覆盖了从高寒山区到热带季雨林的七类不同海拔的气候地带。

境内地表景观由“三山”（大娘山、打鹰山、高黎贡山尾部山脉）、“三江”（怒江、大盈江、瑞丽江）和“四河”（芒市河、南畹河、户撒河、萝卜坝河）和大小不等的 28 个河谷盆地（坝子）构成，河谷盆地面积占全州土地面积的 17.1%。

截至 2010 年第六次人口普查统计，德宏州常住人口 121.1 万人，世居有傣族、景颇族、傈僳族、阿昌族、德昂族等五种少数民族，其中傣族人口为全州总人口的 28.8%，分布在每一个下辖县市中（瑞丽市、芒市、盈江县、梁河县、陇川县）。

2 德宏傣族文化特征

2.1 族源与支系

受不同文化圈的影响，德宏傣族主要有两支：傣勒和傣德（图 2–1）。

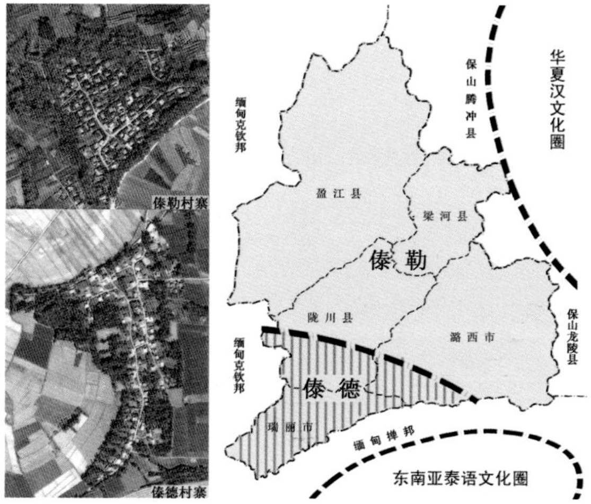

2.1.1 傣勒

“傣勒”的“勒”，当表示方位时，意为上方，与下相对；当表示方向时，意为北方，与南相对。“傣勒”即“上方的傣族”、“北方的傣族”，称为“汉傣”。傣勒最早居住于我国三江（金沙江、澜沧江、怒江）并流区，由于区内山大坡陡，随着人口的发展，耕地日渐紧张，于是顺江迁徙，于三江下游的河谷平坝临水建寨，形成了我国的两大傣族聚居区：澜沧江下游的西双版纳傣族聚居区和怒江下游的德宏傣族聚居区。傣勒在德宏人口最多，分布最广，是德宏傣族的主要类型。

傣勒因地理位置靠北，历史上与汉族交往频繁，积淀了深厚的汉文化基础；主要表现为祭家神、有姓氏，青年女性多着紧身短上衣和长裤，外加花带短围裙；主要分布于盈江、梁河、陇川、芒市和瑞丽的部分地区。

图 2–1 傣德傣勒分区图

2.1.2 傣德

“傣德”，意味“下方的傣族”，从缅甸迁入，在缅甸称傣绷。“绷”为地名勐绷，明、清为木邦宣慰使辖地，今属缅甸掸邦。傣德与缅甸掸族一江之隔，风土人情同出一脉。傣德无姓氏，女性多着花色筒裙，主要分布于瑞丽江北岸、遮放坝尾和陇川坝尾一带。

2.2 历史沿革

早在公元前 424 年，傣族在瑞丽江流域建立部落政权 —— 勐果占壁，称乘象国。公元 1276 年，中央在德宏设立“金齿六路”，果占壁辖地为麓川路，国王思可法被任命为麓川路总管，为当地世袭最高军政长官，有独立的政权、军权、财权和司法权。麓川王朝迅速崛起，成为傣族历史上最大的地方政权。元朝曾四次征讨却无功而返，直到公元 1448 年（明），历时八载的“三征麓川”最终将麓川王朝消灭。后中央在德宏设立南甸、干崖、陇川三个宣抚司，德宏土司制度逐步完善，统治了傣族社会此后的 500 年。在土司制度下，明确的领地划分和完善的管理体系，使得傣族村寨形成有序、统一的形式。而土司制度的实行，推进了傣族对汉文化的学习，造成了德宏傣寨表现出明显的汉文化特征。

2.3 宗教

傣族具有双重信仰，全民信仰原始宗教和南传上座部佛教。世俗化的宗教信仰，通过影响民族性格、道德伦理、审美意识及行为活动，间接影响了村寨景观。

2.3.1 原始宗教

原始宗教是傣族先民在低生产力水平的原始社会时期，对强大自然的妥协反应，其主要内容是原始的集体主义和万物有灵思想。它起源于人们对自然的无能为力，最终表现在人类的凝聚和对自然万物的敬畏，这使村寨表现出内向的群居形态和一系列的祭祀设施与行为活动。其中，原始宗教中“林、水、田、粮、人”的尊卑秩序，成为傣族朴素的生态观，她们认识到“有林才有水、有水才有田、有田才粮，有粮才有人”的自然规律，因此一直对自然采取敬畏、保护的态度。原始宗教因其有利于民族内聚力的形成和生态环境的保护，所以得以保留下来。

2.3.2 南传上座部佛教

南传上座部佛教于公元 11 世纪中期从缅北掸邦传入德宏瑞丽、陇川地区。14 世纪末麓川王思伦法将其引入王室，作为加强封建统治的精神支柱。直到 15 世纪才在全民中普遍信仰。南传佛教的到来，给傣族地区带来了先进的农业生产技术，普及了知识教育，丰富了文学艺术。尤其是佛教对傣族伦理道德、审美思想等意识形态的规范，促进了傣族社会的进步发展，并形成了傣族勤劳、善良、友好、爱美的民族性格。也促成了傣族追求美好生活环境的思想行为，成就了诗意栖居的傣寨。

2.4 文化圈

没有一个国家的国界线能割断边境文化的交往与渗透，德宏与版纳为我国两大傣族聚居区，都地处我国边境，与境外山水相依、文化相连，世居的傣泰民族具有相似的经济形态、文化特征、心理素质与宗教信仰。黄惠焜等学者，根据这一带的地理文化特征，将红河、澜沧江——湄公河、怒江、伊洛瓦底江——萨尔温江称为“澜沧江——湄公河历史文化区”或“四江流域文化区”。该区属于中华文化与东南亚文化的交界区，自古“百越文化”、“中原文化”、“印巴文化”“佛教文化”等多种文化在此冲击、交融、渗透，形成了多元文化并存的地域特色。不同的是，德宏介于南部的泰语文化和北部的汉文化之间，具有相对独立的历史轨迹，属于中华文明与印度文明交汇的产物，使德宏傣族文化习俗比起版纳傣族来说更具多元特色。

3 德宏傣寨分布及自然环境

傣族研究专家黄惠焜先生曾有诗云：“白露横一江，浪暖波不扬，掬水无深寒，踏沙有余香，婷婷肩瓮女，款款牧牛郎，谑笑复相逐，竞问客何乡。”这首诗描绘了傣寨依水而居、气候温暖、美好安逸的生活图景。

3.1 地理分布及数量

据 2010 年调查统计，德宏州分布有傣族自然村寨 816 寨。其中，盈江县有 333 寨，分布于大盈江坝、盏西坝、支那坝，是德宏傣族最集中的地方；芒市有 200 寨，分布于芒市坝、遮放坝；瑞丽市有 109 寨，集中于瑞丽坝；梁河县有 90 寨，分布于遮岛坝、芒东坝、勐养坝；陇川县有 84 寨，集中于陇川坝（图 3-1）。这些坝子分别有大盈江、盏达河、槟榔江、芒市河、瑞丽江、龙江、芒东河、南畹河从中穿过，傣族村寨就分布于这些江河冲击的山间平原地带（表 1）。

表 1　德宏傣寨分布情况

行政地名	分布数量（个）	分布地理	
		坝子	水系
盈江县	333	大盈江坝	大盈江、盏达河
		盏西坝	槟榔江
		支那坝	槟榔江
芒市	200	芒市坝	芒市河
		遮放坝	芒市河
瑞丽市	109	瑞丽坝	瑞丽江
梁河县	90	遮岛坝	大盈江
		芒东坝	芒东河
		勐养坝	龙江
陇川县	84	陇川坝	南畹河

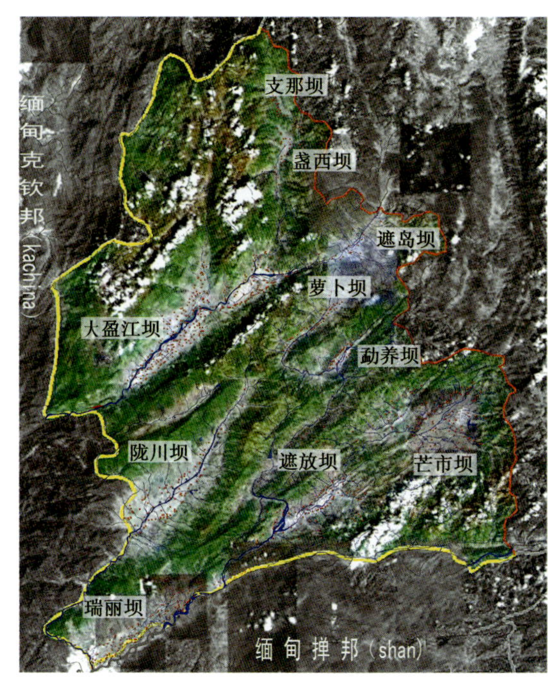

图 3-1　德宏傣族村寨分布图

德宏傣寨垂直分布于海拔 800~1200 米之间。1200 米以上的高山上，则世代居住着景颇族、傈僳族、阿昌族、德昂族等山地民族。因此，在德宏有着“傣族不上山，景颇不下坝”的说法。唐代樊绰所撰的《蛮书》将傣族先民称为“茫蛮”，“茫”既有坝子之意，“茫蛮”就是指居住在坝子上的人，区别于山地民族。而且德宏山、坝交替的地貌，使得德宏傣寨与其他山地民族村寨在这一山、一坝间重复出现，成为德宏独有的民族村寨分布规律。

3.2 地景特征

地景，这里指傣寨选址所依属的山水骨架，是聚落自然环境的重要构成。德宏傣寨沿江分布于河谷盆地，山、水、坝成为傣族村寨必要的地景。由于德宏地属横断山南延部分，坝子多为狭长形，呈带状盆地。因此，德宏傣寨多呈带状分布，拥有“两岸青山如障立，一弯江水分坝中”的带状地景特征（图3-2）。

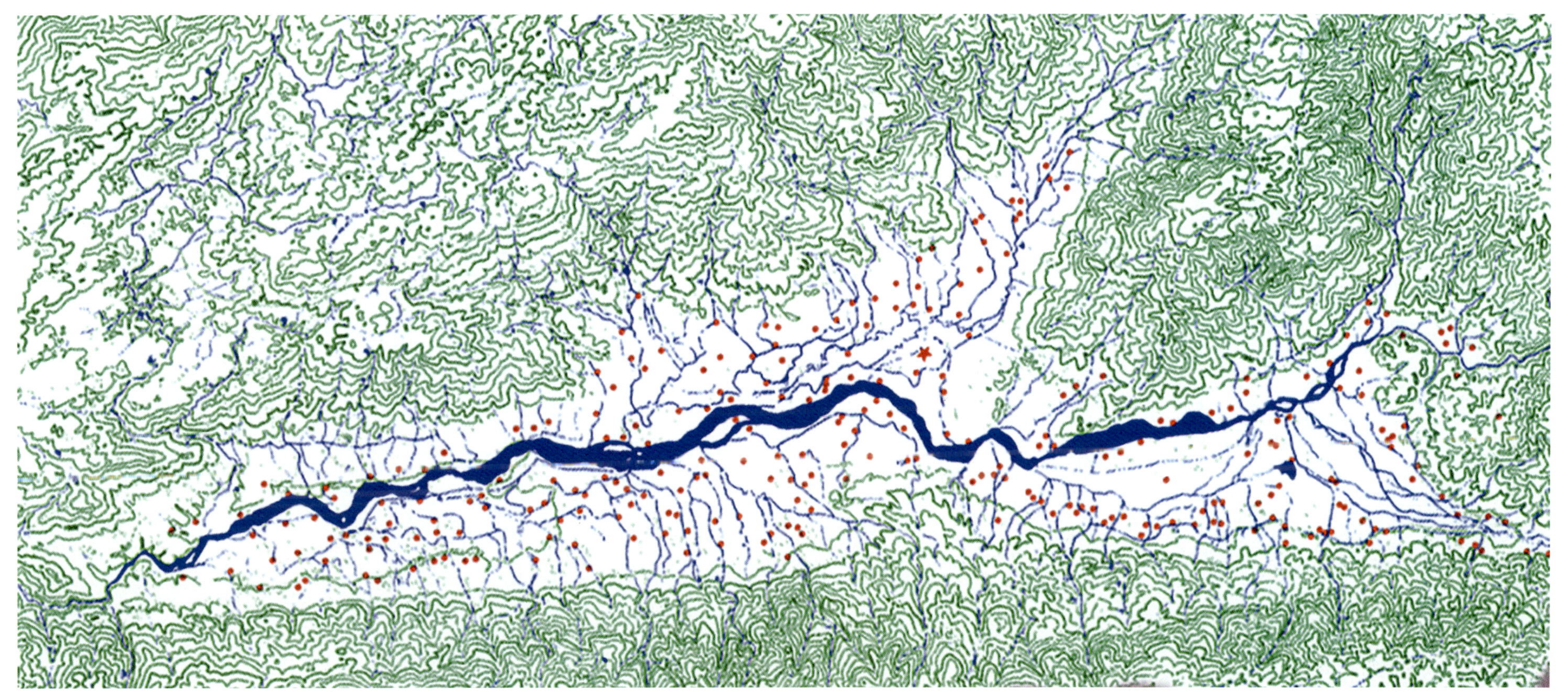

图3-2 大盈江岸傣寨带状分布

3.2.1 屏障山

德宏境内山脉为东北至西南走势，山地、谷地、盆地交错出现。傣寨所处坝子海拔相对较低，两侧山体高大形成天然屏障，围合出与世隔绝的空间，提供了安全的栖息地，藏风聚气，保证了山谷内温暖的气候、丰沛的水源。

3.2.2 带状坝

坝子与山体走势一致，呈带状夹于两山之间，江水卷带山中泥沙在山脚中沉积，形成平坝（图 3-3）。坝子虽夹于高大的山间呈带状，但因横距宽阔，并无险峻之感。且平坦肥沃的坝子，提供了稻作之地，形成德宏傣乡一马平川的稻海风光，大盈江坝就是一个横距 20 多公里、纵距 50 多公里的长形坝。

3.2.3 一横江

"两岸青山出百川，汇于坝中一横江"。德宏的江水与山同行，横于坝中，傣寨隔水相望，亦呈带状分布。丰富的水源是傣寨择居的首要条件。便利的引水条件，更使傣寨周围水渠纵横。旖旎的江、出山的河、阡陌的渠，水水相通，密布成网，是傣寨重要地景，形成山中江南。

带状的山、水、坝景观，是德宏傣寨与版纳傣寨差异的根源，也是德宏傣寨的重要识别特征。版纳多丘陵、少平坝，干栏式的建筑依山布置、村落布局紧凑，与德宏傣族民居的水平分布、宽大宅院有很大不同。

3.3 气候

德宏水平分布在纬度 23° 50′ ~ 25° 20′ 之间，属低纬度区，太阳日照时间长，常年温暖。而傣寨分布于山区低海拔的河谷内，因焚风效应，气流下沉增温，且冬季东北面的高黎贡山挡住了西伯利亚南下的干冷气流，入夏又有印度洋的暖湿气流沿西南倾斜的山地迎风坡上升。因此，形成了傣寨常年温暖、夏季潮湿多雨、冬季干爽多日照的气候特征，属于典型的南亚热带季风气候类型。

图 3-3 大盈江坝风光

4 德宏傣寨选址

"寨"，傣语称"曼"，由一户户人家组成，是稻作农业生产的基本单位。寨又组成勐，设土司掌管。傣族村寨聚居于温暖潮湿的河谷平坝，源于傣族古老的生存习惯和生产方式。

4.1 选址依据

4.1.1 傣族沿江迁徙史决定傣族择江而居

据傣文史料创世纪总本《南师巴塔麻嘎奄帕萨傣》记载，傣族起源于三江并流区，后因人口增加，耕地紧张，后代子孙沿怒江、澜沧江、金沙江南下，迁徙至今天的德宏、版纳一带。整个迁徙过程决定了傣族喜水、尚水的个性，并养成了临水而居的传统习俗，有着"寨前渔、寨后猎、依山傍水把寨立"的选址标准。

4.1.2 傣族稻作渔猎的取食模式决定傣族择坝而居

傣族先民为古越人，越人喜居河流纵横、土壤肥沃的平原，善稻植，是我国最早驯化野生稻的民族。傣族继承其稻作的生产方式，不仅掌握了先进的稻作技术，更以食稻作为民族自我认知的标尺，有着"不吃糯米饭、不是傣家人"的谚语。由此可见，傣族在立寨选址的时候，必选利稻作之地。而所谓利稻作之地，即为常年温暖、河流纵横、平坦宽阔的河谷平坝。

4.2 选址类型

村落属于人工斑块，与自然斑块镶嵌在一起，从而具备了社会学、生态学、美学等景观价值。德宏傣族村落分布于"两山夹一坝一水"的空间内，从村寨与山、水、田的位置关系来看，德宏傣寨可分为两类：绿岛型和背山型（表 2）。

4.2.1 绿岛型

绿岛型村寨即指坐落于平坝中央的村寨。这类村寨犹如海中岛屿，镶嵌于田间，地形平坦，四周开阔，建筑水平分布，朝向一致，村寨四周以竹林围合，封闭性强。

如盈江县岗勐乡的弄以寨，该寨位于大盈江南岸宽阔平坦的坝子上，海拔 825 米，村寨地势高差不过 1 米。"弄以"，傣语为细长水塘之村，建筑布局走向便依寨前细水塘呈带状布置。村寨四周有密实的竹林环绕，显示出极强的围合性和内向型，农田位于村寨外围。

表 2 两类村寨比较

	山、水、田关系	地形图	实景照片
绿岛型		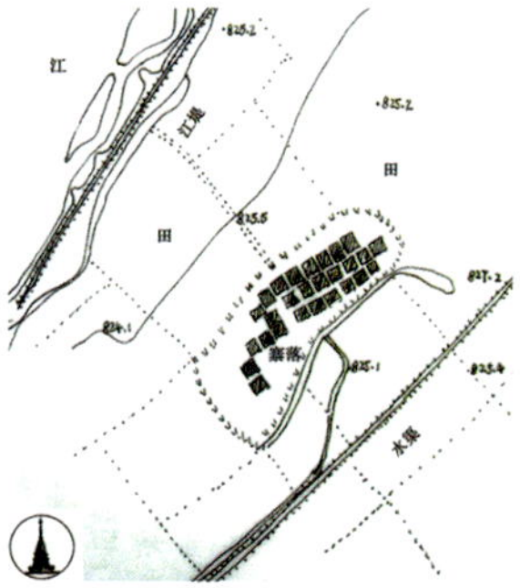	
背山型		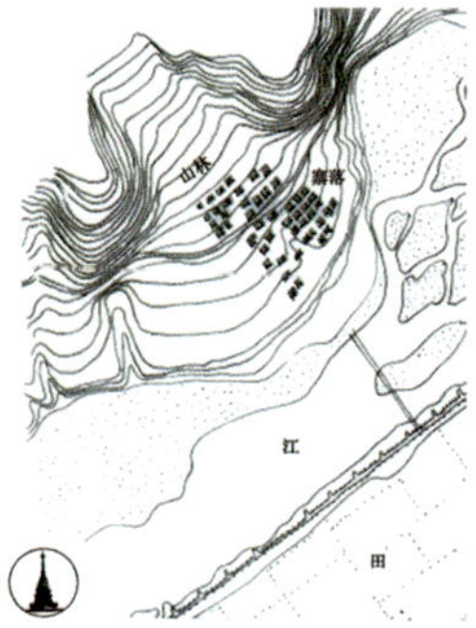	

4.2.2 背山型

背山型村寨具有汉族传统理想的人居模式，背山面田、面水，位于坝与山的交接处，有缓坡，建筑随地形布置，房屋统一面向江水。村寨背山面水，以山体为界，无需另设防护措施，而临江面则以大片竹林相隔，以阻挡江风，人工边界呈半围合状。

如盈江县新城乡芒别寨，"芒别"傣语意为松树村，以周围松树多而命名。从中也能看出该村寨的山地性质。该寨位于大盈江北岸，背靠青山，寨心海拔 854 米。起初村寨临江而建，后因 1970 年代的一次洪水，江水改道，寨子被迫退向坡地，形成如今村寨北高南低的地势，高差达到 34 米，属典型的山地型傣寨。建筑高低有序、随山势布置，面向江面。村寨除背山面水外，其余三面以竹林、榕树围之，起防护隔离作用。农田则位于江对岸，以竹桥相连。

5 德宏傣寨总体布局

5.1 布局理念

“万物有灵”的信仰使傣族人民相信，即使是人为产物的村寨，亦是和人一样，是有灵性的生命体，应该是一个有头、有尾、有心脏，和人一样是一个完整、独立的个体。因此，傣族在选址初期就拟明确寨头、寨心、寨尾的方位，但并不急于确定，而是在村寨发展到一定规模后，由后代子孙将其完善。在这样的思想下，傣寨无论规模大小、地形差异，都有着形似的空间布局。设寨头、立寨心、定寨尾，并以此三个节点控制村寨的走势、布局，使傣寨显现出了人格化的特点。这三个控制点上都设有特殊意义的标志物，分别代表着村寨的三个方位（图 5-1）。

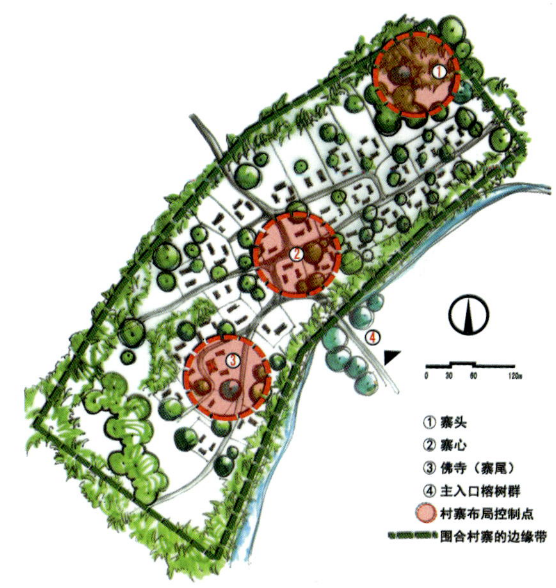

图 5-1 弄以寨三个控制点位置分析

5.2 布局的控制点

5.2.1 寨头

寨头远离民宅，位于村寨边缘相对较高的位置，其标志物为傣族祭祀寨神的神龛。寨神，傣语称“色曼”，是第一个建立寨子的人，由于建寨有功，死后被尊为神，受世代村民供奉。寨头通常一寨一个，但并不绝对，在曾经受到过毁灭性破坏的村寨，由于另有家族到此重新开始新的生活，此时为纪念这位带头人，也会另立寨子头，因而出现一寨多寨头的情况（图 5-2）。

寨头神龛通常隐蔽于茂林修竹之下，旁侧有巨大神树护佑，形成神秘的寨头林。神龛造型简易，为三墙一顶的小房，设供台，置鲜花、纸旗、水碗、糖果、香烛等物。寨民无论婚丧、迁居都要到此祭祀，每年春夏秋冬则举行全寨合祭。但寨头林禁女性进入，祭祀活动由男性长者主持。祭祀这天全寨停止生产，封寨门，不得外出，外人亦不得进入。祭寨头是傣寨最神圣、严肃的祭祀活动，寨头亦是村寨最神圣的地方，受世代村民保护。寨头一旦建立，后世子孙建宅不可越过寨头。

图 5-2 寨头

5.2.2 寨心

寨心一般位于村寨内相对密集的中心位置，通常在最早建寨的几户人家附近，后到的人家都以此为中心不断向外扩展。寨心的标志，傣语称“接递”台，以石砌基座为底，上立七段分的木桩或竹竿，附有瓦片或竹槽做的供台。寨心占地面积不大、形式简单、立于路边，来往行人皆可见，相对寨头禁忌较少，但同样受村民尊重保护。其稳固的石基有“寨心不烂，寨子不散”的说法，是村寨的灵魂、生命的标志。而“接递”台指向天空，具通天之意，是傣族与上天对话的工具，通过祭拜“接递”祈求上苍的保佑。

寨心对建寨十分重要，傣族有“建寨先立寨心”的风俗。据傣族老人口述，德宏傣寨建寨选寨心时，在拟定寨心位置将稻米粒粒摆放成圈，用碗或芭蕉叶覆盖其上，次日揭开看，稻粒凌乱移位则示凶，不变则为吉，得吉方可建寨（图 5-3 ~ 图 5-5）。

图5-3 寨心（一）

图5-4 寨心（二）

图5-5 寨心（三）

5.2.3 寨尾

寨尾与寨头相对，位于村寨边缘地势较低的位置，连接着通往寨外的道路。在德宏佛寺常建于寨尾，因此佛寺也成为傣寨寨尾的标志。寨尾在傣家具有特殊的意义，与寨头通往光明的意义相对，寨尾具有通往黑暗的寓意，凡出殡，逝者必从寨尾抬出，不得经过寨头。所以，寨头与寨尾配合，具有迎福去晦之意。而佛寺建于寨尾，则有驱邪镇寨，化难为祥，将村寨所有不详之气聚之、化之，保一方安宁的用意。当然，随着村寨的扩展，会出现佛寺被包围于寨内的情况，而只要条件允许，村民们还是愿意把佛寺迁到寨尾（图 5–6、图 5–7）。

图5-6 寨尾（一）

图5-7 寨尾（二）

5.3 布局的组织

寨头、寨心、寨尾，是傣寨村落空间组织的依据，三者所处位置几乎连成村落对角线，构成了一条控制性极强的空间轴线，其他功能空间在其控制下有序展开。

住宅范围控制在寨头、寨尾之间，因为傣族认为民宅超过寨头是对寨神的不尊重，越过寨尾则不受佛寺庇佑。所以傣寨住宅紧密布置在以寨头、寨尾为对角线的方框内，并用竹林将其全部围合，形成一个内向、有序的村寨。

三个控制点，同时也是村寨三处重要的公共活动空间，满足村民公共活动的需要。寨头、寨心属祭祀场所，因有所禁忌，仅可提供部分人参与。而寨尾的佛寺则真正满足了全民集会、娱乐、聚餐等活动的需求，成为公共活动中心。寨头、寨心、寨尾通过精神的凝聚，使村寨呈现井然有序的布局，显示出村寨强有力的凝聚力和生命力。

6 德宏傣寨空间特征

德宏傣寨是典型的聚集型聚落，主要由边界空间、宅院空间、道路空间、公共活动空间、圃地等构成，这些空间的布局受控于寨头、寨心、寨尾三个控制点，并因边界的围合，使德宏傣寨成为一个内向、封闭、完整、独立的整体，具有强烈的凝聚力。

6.1 边界与出入口空间

傣族村寨与当地其他民族村落相比，在外观上最大的不同就是具有明显的边界，空间围合性强，显现出内向、封闭、稳固的特点。

图 6-1 傣寨边界

6.1.1 边界

边界在聚落构成上具有划定界限、防护、围合等作用。明显的边界，不但在视觉上占主控地位，而且在形式上连续不可穿越，成为识别聚落的重要特征。因地理环境、民族习俗的不同，不同民族有着不同的聚落边界形态。可以说边界特征最能直观表达聚落形态。湖北南漳堡寨用石砌寨墙抵御外敌，景颇族山寨立鬼桩划定界限，而傣族则以竹林为界保护村寨。明钱古训《百夷传》载："所居无城池濠隍，惟编木立寨。"

竹是德宏最具代表性的乡土植物，因生长迅速、根系丛生、枝干密集等优势，被傣族环状种植于寨边，起到防护隔离的效果。环状竹林带宽 3 ~10 米，高十多米，犹如绿色城墙包裹着村寨。竹子丛生的根系可防洪，密布的竹竿可防袭，高密的竹梢可防风滤尘，使傣寨犹如"壶中天地"，安静悠然。以竹林为界，优美的竹梢如凤尾，构成了傣寨柔和的天际线（图 6-1、图 6-2）。

图 6-2 傣寨边界

6.1.2 出入口

德宏傣寨少立寨门，仅在围合的竹林环上留 2~3 个缺口作出入之用，形成出入口（图 6–3）。方位也无特殊规定，以利交通为宜，取决于公路方向。但德宏傣寨出入口有个特殊景观，就是榕树长廊。傣族认为种植高山榕，可为行人提供休息纳凉的空间，是善举，因此常在村寨出入口种植高山榕。久而久之，高山榕成群成列、遮天蔽日，形成绿荫走廊，成为识别傣寨出入口的重要标志（图 6–4）。也有村寨会用木桩或竹竿搭简易门框以示寨门，但造型简单并不张扬。这种低调的出入口处理，使得傣寨从外观上完全和自然融为一体，没人会想到一片竹林背后居然隐藏着一个活生生的傣族村寨，这也反映了傣族内敛、温和的个性。

图 6–3 出入口

图 6–4 出入口的榕树长廊

6.2 宅院空间

聚落最基本的构成单位就是宅院，宅院空间在聚落中占最大组成部分。每个民族有着独特的居住习惯，不一样的宅院形态，促成了千姿百态的聚落景观。各地傣族村寨均为集聚型聚落，宅院以聚集的形式组合，户户相对、院院相连。但因宅院的占地面积不同、建筑组合不同，聚落景观也存在差异。比较而言，德宏瑞丽地区的傣德宅院最大，相邻两建筑之间距离最远，因此，宅院独立性强，聚落整体性不明显。德宏傣勒宅院和版纳傣族宅院面积差不多，但因傣勒建筑多为单层合院式，宅院空间显得松散，聚落整体性强但却不密集。而版纳的傣族民居为单体建筑，建筑体量大且居于院中，相对四周的院落空间较窄，建筑鳞次栉比，整体性强（图 6–5）。

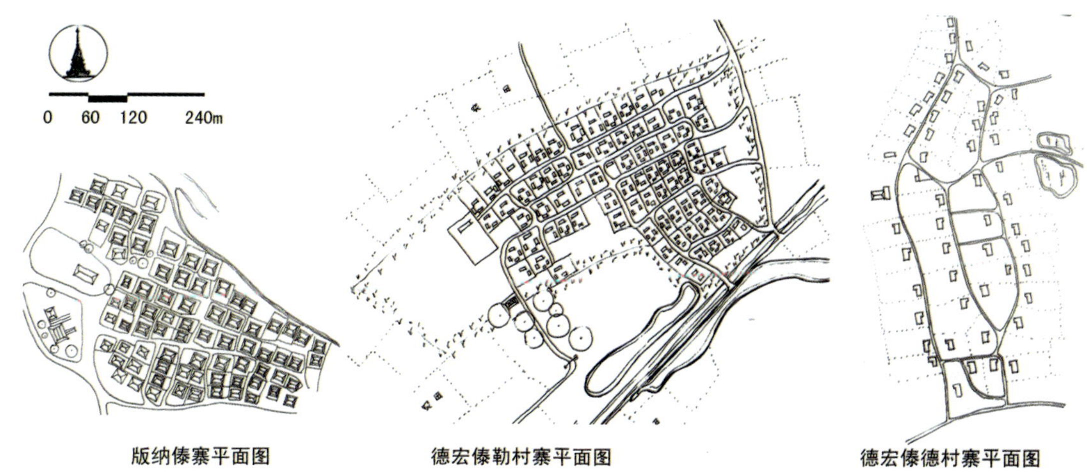

图 6–5 不同傣寨平面对比

图 6-6 傣德民居

6.2.1 傣德宅院

傣德居住流域相对靠南，远离汉族地区，受汉化影响较小，与缅甸掸族一江之隔，受缅文化影响颇深，保留了傣族古老的“喜居干栏”的习俗。其宅院主要特点是独院式，竹楼居中，前庭种花、后院耕作，相邻两户以植物相隔。这样的居住形式，使傣德村寨建筑分散、整体性弱（图 6–6）。

一、独幢式建筑

傣德住宅为独幢式建筑，由主楼和附于一侧的厨房构成，平面方形或曲尺形，面积在 120 平方米左右。主楼为 2 层竹楼。楼下架空，以竹篱相围，为畜舍和仓库。楼上居人，为堂屋、卧室、前廊、晒台。歇山屋顶，正脊较长。厨房接于底层主房后部，但空间不做穿插，为悬山屋顶，面积较大。另外，中华人民共和国成立后，实行人畜分离，于院落边上另搭建棚舍，将畜舍和储藏间从主房分离出来（图 6–7）。

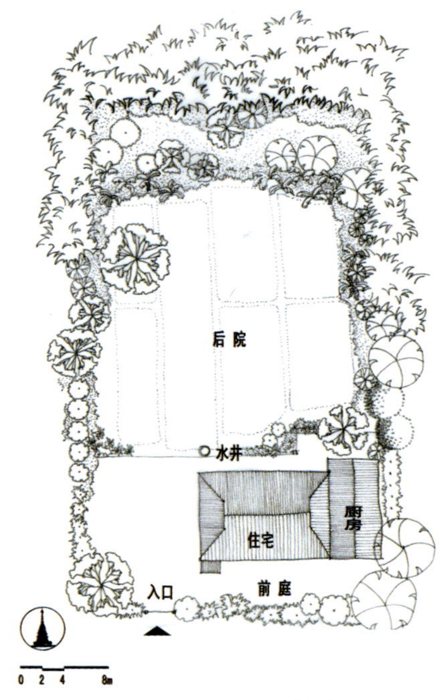

图 6-7 傣德宅院平面

二、前庭后院

独幢式的建筑位于宽阔的院子内，形成院套建筑的布局。但建筑并非居于正中，而是偏于道路一侧。楼前留有宽 5 米左右的空间，形成前院。前院地面平整夯实，边缘围植丰富多彩的花卉、果树，既限定的了边界，又美化了庭院，还构成了村寨道路的美景（图 6–8）。而楼后则是宽阔的田园，面积可在 3 亩左右，种植着蔬菜、水稻，边缘以竹林为界。相邻两户之间以植物相隔，主体建筑相距 20 米以上，放眼望去只见树木不见人家。因此傣德村寨建筑密度低，容积率小，村寨集聚性不明显，宅院显示出了极强的独立性，具田园风光（图 6–9）。

图 6-8 前庭

图 6-9 后院

6.2.2 傣勒宅院

傣勒村寨是德宏傣寨的主要形式。傣勒自古受汉文化影响，形成三合院、四合院。但与汉族合院不同的是，合院不闭合，两厢建筑之间不相接，形成“院中有宅，宅中有院”的内庭外院格局，保留傣族宅前屋后种植的习惯。相邻两户以道路或院墙相隔。这样的居住形式，使村寨整体性强，具有明显的聚集特征（图 6–10）。

一、合院式建筑

傣勒住宅分工明确，主房、厨房、谷仓、畜舍分开，再以院落的形式组合。主房为三开间悬山顶瓦房，中间为堂屋，两侧为卧室，以木板或竹篱相隔。主房层高高，抬高地面 1 米左右，同干栏式建筑一样满足了防潮需要，又显示了主房的主体地位。畜舍位于主房对面，距主房 10 米左右，为一栋 2 层的干栏式木楼，通常正面无墙，可明显看出房屋结构，底层住牲口，楼上堆放杂物。主房两侧分别为厨房和谷仓，均为两开间单层悬山顶建筑（图 6–11）。

图 6–10 泰勒民居

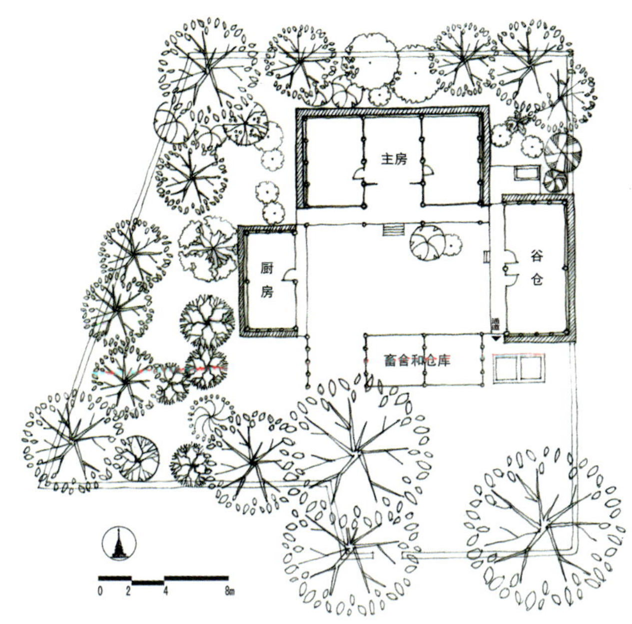

图 6–11 傣勒宅院平面

图 6-12 内院

图 6-13 外院

二、内庭外院

傣勒宅院中四栋建筑两两相对，围合出一个内庭。但建筑间互不相连，形成通道通往后院。这就是傣勒宅院与汉式封闭式合院最大的不同。傣族有“种树为子，种果为孙”的传统，家里每代人都要为下一代种植果树，因此，需要有一个宽大的种植空间。空间边缘用竹篱或土墙围合，形成院落，形成了内庭外院的格局。内庭约 100 平方米左右，夯实平整，主房前对植两株果树，为主要的活动空间，待客、交流、娱乐都在此进行（图 6-12）。外院通常会有一方偏大，形成果园。而面积较小的空间则随意种植着常用的调料作物。这种建筑与庭院穿插的宅院布局，虽然空间被零碎划分，但却显得更加亲切有趣。就在这些院落空间里，面积虽不过 2 亩，却种植有多达几十种的瓜果花卉，形成了植物与建筑相映成趣的傣族园林式住宅（图 6-13）。

6.2.3 两式比较

傣勒、傣德两种宅院最大的不同在于：傣勒的宅院小，且被组合的建筑分割，形成建筑与院落相互穿插的布局，空间紧凑、相互贯通，低矮的建筑完全掩映在院中高大的乔木下；而傣德的院子较大，建筑居中，空间开阔，布局简洁，高大植物沿边种植，留出中央空地种植低矮蔬菜、水稻，而高大的建筑立于中央，成为视线的焦点（图 6-14）。

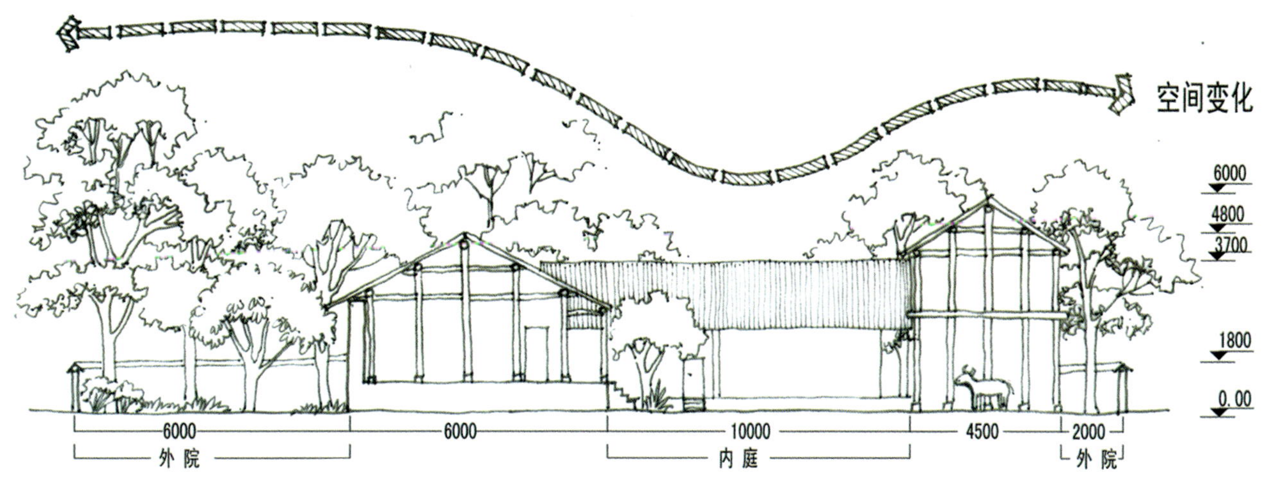

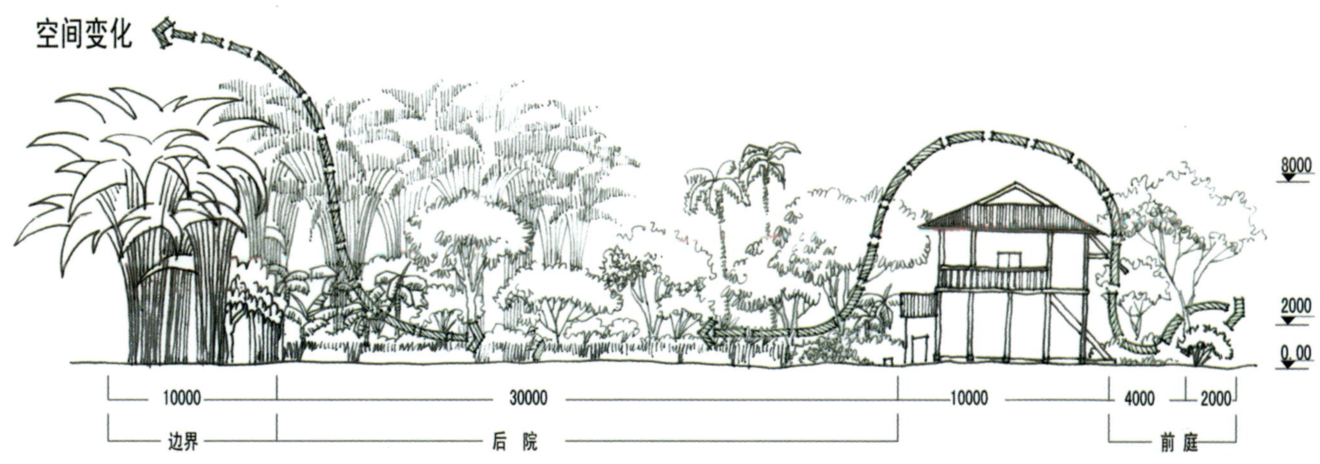

图 6-14 傣勒傣德宅院空间比较

6.3 公共活动空间

傣寨公共活动空间是满足村民交流、集会、议事、祭祀、庆祝、休闲等公众参与活动需求的场所，是村寨共同体的必要空间，起到凝聚人心的作用，符合以血缘关系为纽带而聚集的村寨。

6.3.1 佛寺前广场

佛教传入以前，寨头祭祀是全寨最严肃、神圣的活动，但由于寨头祭祀禁忌较多，寨头林并没有完全满足全民公共活动的需要。直到南传佛教在傣家全面普及，佛寺成为傣族的精神中心，并负责科教文化传播的功能，成为“寨寨有佛寺、月月有佛节”的景象。老人们长期到佛寺里听经拜佛，年轻人每逢佛节便欢聚一堂，而孩童们把佛寺当学校，学习文化知识。佛寺大殿成为了公共活动室，而佛寺外的空地则成为公共活动广场（图 6-15）。逢年过节，全寨人到此敬拜、舞蹈、聚餐，祈求佛祖保佑。有时寨里大小事宜的商定，也都聚集于此。

佛寺广场场地开阔、平坦夯实，能满足全寨人集体活动的需要，通常位于佛寺大殿前方，四周立佛幡，植佛教圣树、圣花，布置着休息的桌凳及解渴的凉水钵，成为优美的佛寺园林。逢节庆，傣家人都聚集于此，穿着节日的盛装、敲着欢乐的象脚鼓、跳着幸福的嘎秧舞，身后是充满异域色彩的佛寺建筑，五彩的焕布在风中飘扬，四周花木美丽而热烈。佛寺广场是了解傣族文化的窗口，融入了一切傣家文化、信仰与习俗（图 6-16）。

图 6-15 佛寺前活动

图 6-16 佛寺前广场

6.3.2 高山榕林下广场

图 6-17 高山榕下活动

图 6-18 榕树林

德宏傣族有个习俗，喜在村寨出入口种植高山榕，这在傣家看来是善举。因为高山榕不仅是佛教圣树，更因其冠大荫浓、寿命长，能起到很好的遮阴效果。种植在寨口、路边可以为来往行人提供休息乘凉的地方。久而久之，村寨入口的高山榕越来越多，占地面积越来越大，形成了一片天然的绿茵场。远来的客人、从田间农忙归来的村民、放学的孩童，都会到此歇歇脚、聊聊天，节庆时还会欢聚于树下，载歌载舞（图 6-17）。而在过去，高山榕下更是老人们讲故事，卜少（女孩）、卜冒（男孩）谈恋爱的地方。可以说高山榕下记录了傣家的家长里短、喜怒哀乐，是傣寨交通集散、信息交换的林下休闲广场。

高山榕广场面积大小由树的多少而定，每株成年高山榕枝下高达 15 米，树冠覆盖面积达 2 亩以上。而傣寨入口少则有 2~3 株，多则几十株，形成了一片占地数十亩的林下空间。更奇特的是，高山榕枝干上附生着兰花、蕨类、苔藓、地衣等植物，形成“空中花园”。而在高山榕下，因为“绞杀”现象，地面难以生长其他植物，不会出现林下杂木丛生的现象，这为高山榕下进行活动提供了平坦开阔的场地（图 6-18）。傣家人还在高山榕下布置石桌、石凳、凉水台，为行人提供更好的休息解渴设施，甚至搭建戏台，进行自娱自乐的傣戏表演。因此，高山榕广场不仅满足了日常出入遮阴的需要，也是傣寨的绿荫屏障，更充满地域特色和人性化的关怀。

6.3.3 公房及晒谷场

傣族以种稻为生，收稻以后需要有大块场地晾晒谷子。因此，在寨内辟出一块大概 3 亩左右的空地，供每户人家晒谷用。场地平整夯实，并在旁边建盖几间小屋，作为存放村寨集体所有物的公房。晒谷场平日可作为举办红白喜事的场地，秋收时节则铺满金黄的谷子，勤劳的傣家人在上面来回地翻晒谷子，丰收的喜悦不觉洋溢于脸上，大家互相帮忙、谈笑嬉戏，定格了一幅幅劳动美的景象，晒谷场也成了傣寨的公共劳动场所。

6.4 道路空间

对于一个初到傣寨的陌生人来说，对傣寨的第一映象是通过道路获得的。道路在村寨内起到交通联系、组织空间和游赏的作用。傣寨的每一个风景片段都在行走驻足间获得。

6.4.1 空间界面及空间感

道路空间的开合变化和界面质感会对人产生心理暗示，直接影响到人们对当下环境的认知。在聚集型聚落内，道路空间通常夹于两户人家之间，因此，宅院的形式直接影响着道路的空间感。江南聚落里的道路被称作巷，夹于马头墙之间，形成狭长阴暗的通道；而苗岭山寨的道路似山道，随山势起伏，穿梭于石砌建筑之间；而傣寨的道路既没有巷的幽暗，也没有山路的崎岖，更似游园道路，蜿蜒于花间林下。

图 6-19 竹桥入户

一、底界面

德宏傣寨的地面具有平坦、软质的特点。如前所述，德宏傣寨多建于平坝，即使背山型村落，村寨内高差达几十米，也并无起伏凹凸，而是平缓过渡。且傣寨建于江水冲击的平原上，地质多泥沙而少石材，因此，德宏傣寨路面均为夯实的泥土，无硬质铺装。雨季，丰沛的降水易导致道路泥泞，植物蔓生，地面除人行密集的路线外，均被植物覆盖，使傣寨地面显示出柔软、自然的特质。门前有水沟的人家，则以竹排、石板搭桥入户，尺度小巧亲和，整个道路呈现软质的底界面（图 6-19）。

傣寨道路等级并不明显，主干道宽 5~6 米，而次干道宽也有 4 米左右。常为步行，但车辆亦能通行。道路一边常伴有水沟，沟宽在 0.6 ~1.5 米之间。这样一来，道路空间会更显宽敞。从人的行走心理来看，傣寨道路的宽度满足舒适的行走需求，具有亲切感。

二、垂直界面

由于德宏傣族的住宅多位于院落中央，因此，傣寨内道路的界面多为墙篱。而墙篱在民风淳朴的傣寨，只起到划分宅基地、保护私密性的作用，因此常做矮化、简化处理。主要有低矮土墙、竹篱围墙、绿篱等三种形式。

第一，低矮土墙，这主要出现在傣勒村寨，与土坯平房相配。墙体以土坯砌筑，厚实稳固。外表粉刷以傣族独特的塘泥和牛粪混合搅拌的涂料，质感细腻、颜色清灰略带土黄。墙高在 1.7 米左右，能遮挡路人视线，保证了住户的私密性。墙顶盖以瓦片，避免雨水侵蚀（图 6-20 ~ 图 6-22）。

图 6-20 土墙界面（一）

图 6-21 土墙界面（二）

图 6-22 土墙界面（三）

两边以低矮土墙为界的道路空间，是傣寨里最为严实封闭的空间，稍显巷的特质。但由于道路空间的宽高比大于 1，空间仍显开敞舒适，无拥挤感。由于墙体简洁实在，置身于这样的空间里，视线易上扬，被伸出墙外的高大果树吸引。这时你不用馋涎欲滴地看着果子，好客的傣家人会非常欢迎你到院中来，采摘品尝。

第二，竹篱围墙，主要出现在傣勒村寨。墙篱为竹片编制的篱笆，厚度不过 1 厘米，高度在 2 米左右，平均每隔两米有粗大竹筒固定。篱上爬满了藤

图 6-23 竹篱界面（一）

图 6-24 竹篱界面（二）

图 6-25 竹篱界面（三）

蔓植物，篱下种植有花灌木，具有稳定、装饰篱笆的作用（图 6-23 ~ 图 6-25）。

这种竹篱笆与土墙相比，成为虚界面，视觉通透、质地轻盈，使得行人视线可延伸到竹篱内，空间分割性减弱，仅具有边界划分的作用，路上行人的视线往往被竹篱内的花草吸引。

第三，绿篱，主要出现在傣德村寨。前面提过，傣德村寨住宅面积较宽、建筑居中、无围墙，通过列植植物来划定边界。通常，屋后及两侧用竹林带围合，宽窄不一，可达七八米，很密实。屋前则用低矮花灌木相围，形成宽 0.5~1 米、高 1~1.5 米的花篱，喜以木槿、扶桑、变叶木等木本花卉做骨架，配有天南星科、芭蕉科、菊科、旋花科等观花、观叶的草本花卉。行走于这样的道路空间里，视线易被两边花草吸引，更似行走于花境中（图 6-26）。

三种垂直界面、六种组合方式，使傣寨道路呈现多种空间感，并且不同的竹篱编制纹路、不同的植物运用和季象变化，使得傣寨道路景观多彩。

图 6-26 绿篱界面

三、顶界面

传统傣寨内并不种植行道树，道路遮阴完全取决于道路两侧宅院里的高大乔木。傣族喜在宅院中种植果树，一可食果，二可遮阴，宽大的树冠伸出墙外，恰为道路提供隐蔽，行走其中，如林下漫步，凉意无限。

傣寨道路景观以植物为主，人工构筑为辅，尽显自然之态，两边花团锦簇，头上绿荫连绵，行走其中更像是赏花游园。低矮、通透的墙篱，让私家宅院少了点私密性，却更显傣寨的祥和与安宁。

6.4.2 走向和布局

从道路的平面布局往往能看出村寨发展衍生的肌理。古老的傣寨，房屋先行，先立房舍、圈院落，后选捷径行之，便成了路。因此道路随意弯曲，方向感不强，这尤其表现在背山型傣寨上，地形高低有变，道路随地形起伏，指向性不强。而随着村寨的发展，尤其是经过自然灾害后重建的村寨，宅院的划分经过一定的协调，村寨肌理显示出人工规划的痕迹，这时的道路多直少曲，指向性强，空间明晰。尤其表现在平坝型村寨上，地形平坦，且多受洪涝迁寨重建，道路平面显示出人工规划的痕迹。

不过即便是重新规整后的傣寨，道路还是表现出弯曲的特征，这和傣族喜欢含蓄、婉转有关。笔直的道路给人一种“来得快、去得快”的不稳定感，无藏风聚气之感。因此傣寨的道路方向性不强，多弯曲，易迷失，这也符合传统傣寨通过道路伏击入侵者的想法。

一、弯曲设计具防袭功能

在过去，当寨子与寨子之间发生冲突的时候，这种弯曲的道路设计很容易让攻击者进得来出不去，当攻击者困于寨子时，再以瓮中捉鳖的形式将其制伏。在傣勒村寨，现在依旧可以看到路边的人家，墙上有小口，可窥探外界，伺机反击入侵者。

二、巷道节点结合宗教设施

道路具有组织空间的作用，道路的节点通常与其他空间联系起来，包括前面提到的寨头、寨心、寨尾，还有高山榕广场、佛寺广场、晒谷场等，这些都通过道路联系起来。因此沿着路走，可以看到很多充满傣族风情的小设施，有行善的凉水钵、有祭祀的纸旗、有精致的佛幡、有独特的水井建筑等，成为展示傣族文化的游线。

7 德宏傣寨传统建筑

建筑作为人类适应、利用自然的产物，不仅反映着对环境的适应，更表现出一种人文智慧。建筑在傣寨所占面积仅次于绿地面积，但由于其人工性、必要性等特点，具有很强的体量感和视觉吸引力，是傣寨文化的核心载体，更是聚落景观的核心元素。德宏傣寨传统建筑主要有民居建筑、佛寺建筑、佛塔建筑等类型。由于受汉文化和缅文化的双重影响，德宏傣寨建筑造型多样，景观丰富，并且显示出文化过渡的迹象。从南向北，每跨越一座山脉，缅式风情就少一分，汉家特色就多一成，直到被高黎贡山和怒江大峡谷所阻，缅文化囿于德宏，不再向北影响。

7.1 民居建筑

德宏傣寨民居根据之前所述，分为傣勒民居和傣德民居两类。

7.1.1 傣德民居

傣德民居被称作竹楼，既有别于西双版纳竹楼，也有别于孟连竹楼，但与境外掸民居一脉相承（图 7–1）。

一、功能布局与形态

傣德民居为二层干栏式建筑，外形简洁大方，平面呈方形或曲尺形布局。底层架空，以粗编竹席围绕，作为杂货和畜舍。二层人居，分为前后两个空间。前室为堂屋，以精编竹席为墙，做较大开窗，保证室内良好的采光通风。紧邻堂屋正门处右侧，通常设置一佛龛，由墙面挑出 40~50 厘米。有的家庭在堂屋外侧还设有挑廊，增加了对外的灵活性。堂屋后侧为卧室空间，根据家庭成员情况做房间划分。传统房屋中二楼火塘的做饭功能已被分化出去，由设置底层的厨房炉灶所代替。厨房为悬山顶平房，墙面仍以竹席围之，位于主楼后侧，与之脱开一段距离，以便于烟气排出（图 7–2）。

图 7–1 主楼

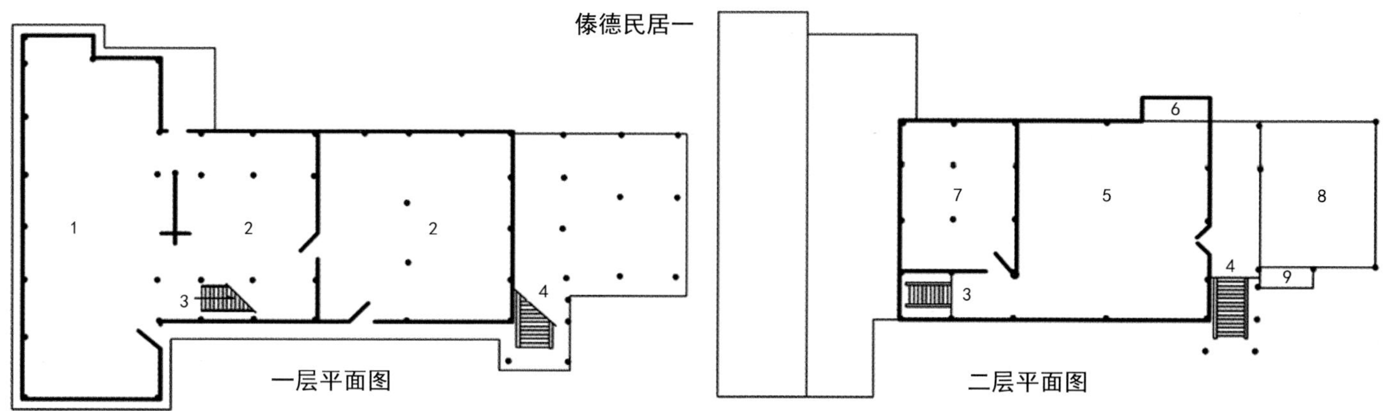

1-厨房 2-储藏 3-内楼梯 4-外楼梯 5-堂屋
6-佛龛 7-卧室 8-晒台 9-凉水台

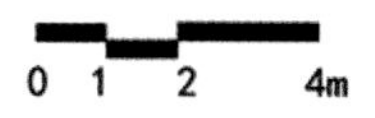

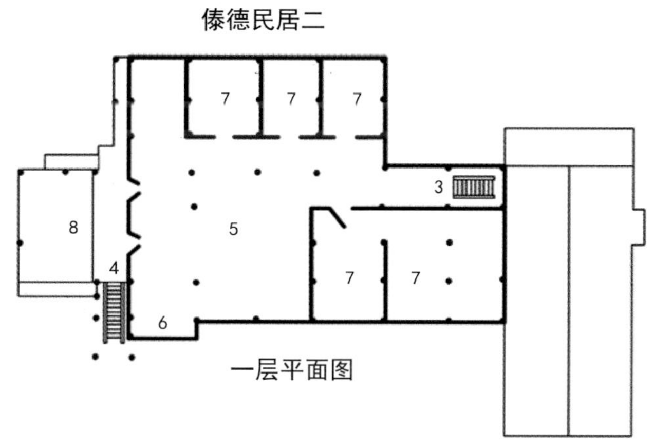

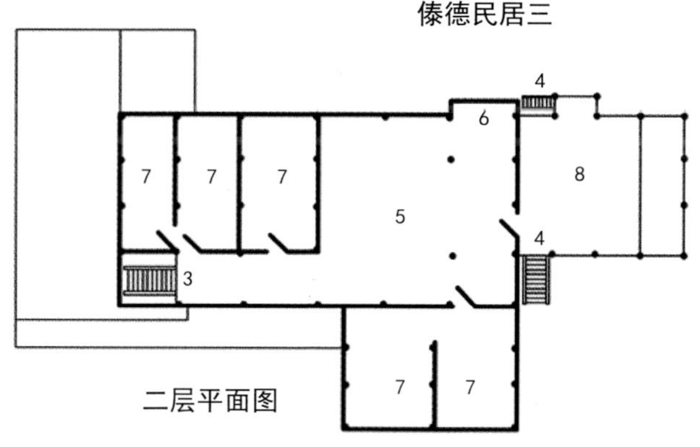

图 7-2 傣德民居平面

图 7-3 楼梯

图 7-4 虚实相生

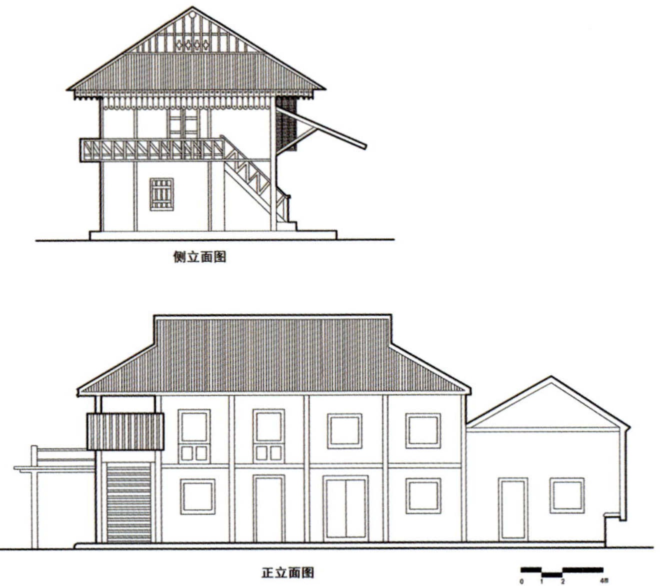

图 7-5 傣勒民居立面

二层堂屋外面是一段开敞的走廊，有顶无墙；走廊之外再接露天晒台，晒台上置凉水台，放置凉水土罐，别具特色。傣德民居通常设两部楼梯，外部主楼梯较宽，设置在室外靠山面一端，引导人们由底层上至二层走廊或晒台，然后再进入室内堂屋，梯前高起一小平台为脱鞋处（图 7-3）；室内的辅梯于靠卧室一端灵活布局，供家人内部使用，保持与底层厨房和其他空间的便捷联系。这种室内外双楼梯的设置，使交通和功能使用有了主次和内外之分，更加方便日常生活。

外廊、阳台和主楼梯是建筑外观最具装饰性的部分。它们以编花竹篱为扶手，以通透的虚空间依附于主楼，与密实的竹墙形成虚实对比，使方盒状的竹楼富于立面的变换，也使竹楼显得更加轻盈（图 7-4）。傣德竹楼的屋顶俗称“孔明帽”，为歇山顶，屋顶坡度平缓，出檐短浅。另外，在室外楼梯处加设偏厦，既防雨淋，又作为入口标志。有的人家也会在阳台上增加偏厦，丰富屋顶造型。屋顶是傣德民居外观上最有视觉冲击力的亮点（图 7-5）。

二、建筑用材与营造

傣德民居在营造上体现了强烈的地域性特征。一方面很好地结合了当地气候：大量使用竹编墙体与大面积开窗，结合屋顶和偏厦的挑檐，做到通风与遮阳。另一方面从结构和材料上处处体现了建造美感：利用竹子正反面色泽质地不同，编织出竹墙的各式花纹；利用竹子剖切以后形成的凹槽巧妙做出推拉竹窗（图 7-6）；利用入口处檐下的雕花挂板与栏杆进行重点装饰等，无不使傣德民居更具自然纯朴的竹楼特征。

根据家庭经济情况的不同，傣德民居在选用材料上也有所不同。条件差点的家庭用草排做屋顶，竹篾笆墙，楼面甚至柱子都用竹。竹篾笆通常编织出多种图案，富于装饰性。条件稍好的家庭则一般用瓦楞铁皮屋顶、木墙、木柱、木楼板，增加建筑的坚固与耐久性。近年来从缅甸引进的砖混结构样式也开始出现，但其宜居性远不如传统竹楼。

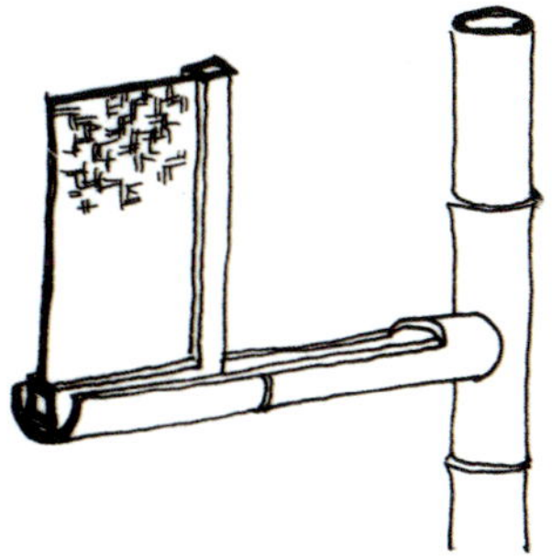

图 7-6 竹拉窗

三、地方化演变

德宏傣德民居与版纳傣族民居、孟连傣族民居虽同为干栏式竹楼，但又有若干区别：

（1）从本质上来说它们具有相同的原型：堂屋加前廊，即由包含堂屋、卧室等功能的堂屋与前廊按平行关系组成的二元空间体系。但三个地区的位置关系又各有不同（图 7-7）。

（2）傣德民居地面化趋向十分明显。一楼架空层已普遍被利用起来，并以竹篾墙加以围蔽（图 7-8）。

（3）傣德民居厨房与主房分开，极大地改善了居住环境。

（4）傣德民居平面布局多为长条形（图 7-9），而版纳傣族民居则为方形。

（5）傣德民居屋顶为单体歇山顶，单层檐，坡缓出檐短。版纳傣族民居屋顶为组合歇山顶，有高低层次，且设坡屋面，为重檐，坡陡脊短。

（6）堂屋部分喜开落地窗，这是傣德民居的一大特色。这种落地窗分上下两台，均为平开窗，一般情况下只开上台窗。若在炎热的夏季则上下两台可以全开，人们席地而坐，全身都可以沐浴在凉风之中。

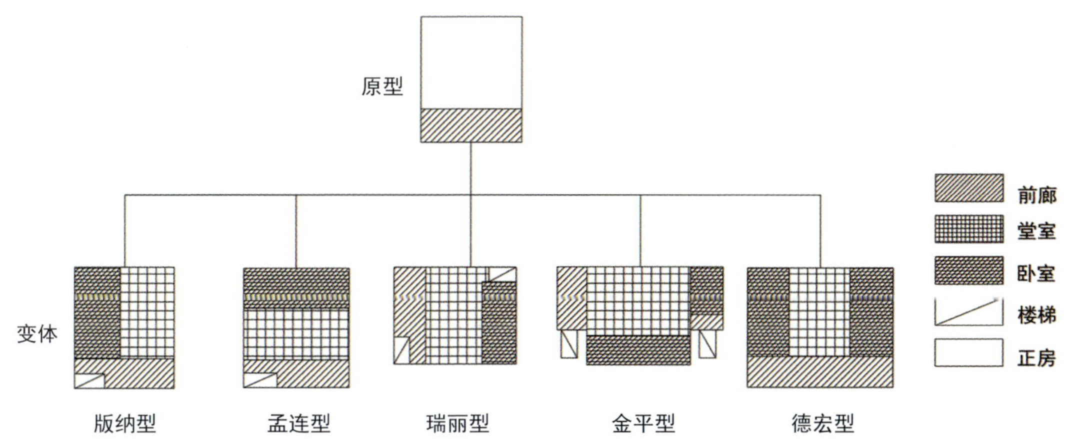

图 7-7 各地傣族民居主房空间结构区别

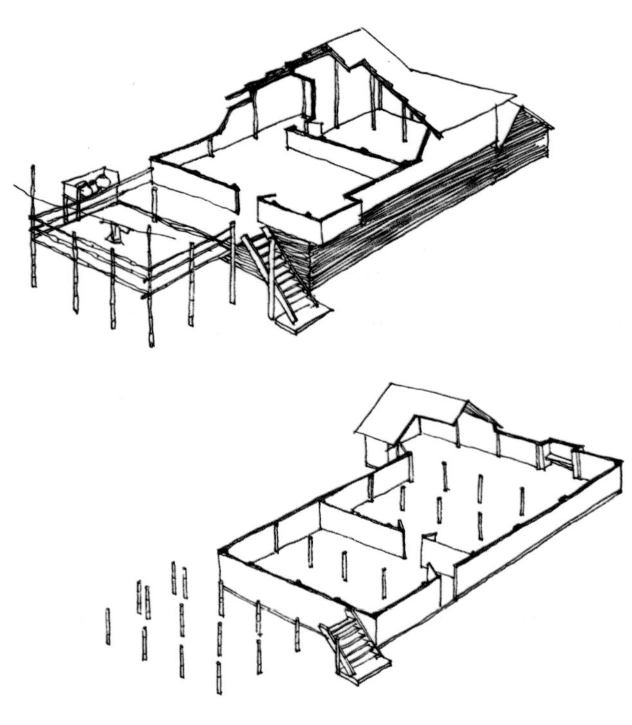

图 7-8 傣德民居剖视图

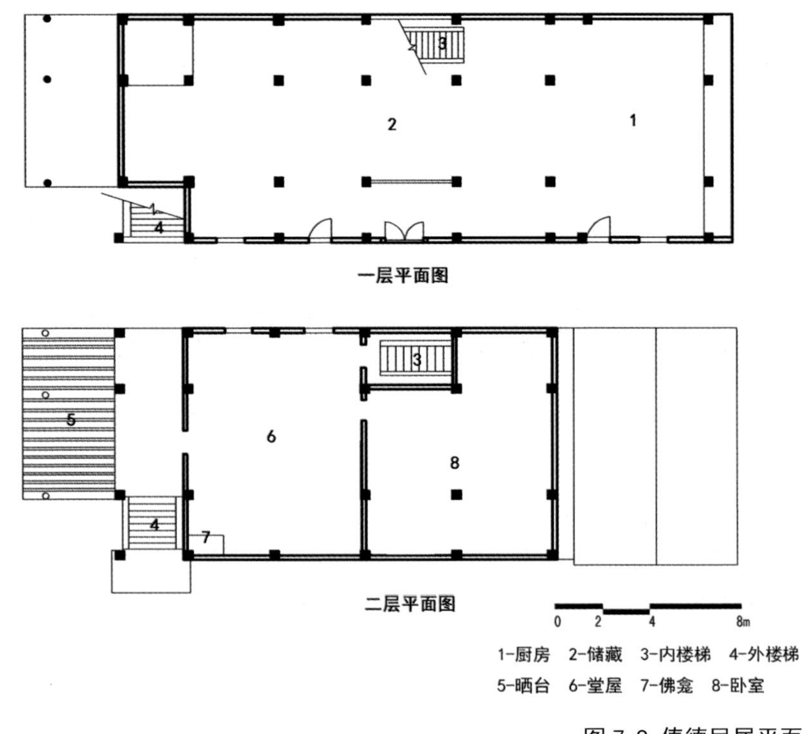

图 7-9 傣德民居平面

7.1.2 傣勒民居

傣勒民居似汉式合院，其民居形式皆是三坊或四坊围合而成的三合院或四合院院落，且以三合院的形式居多（图 7–10）。

一、功能布局与形态

傣勒民居多为一正两厢的三合院和带倒座的四合院，院落由正房、厨房、仓库、畜舍等单体房屋围合而成，上盖悬山屋顶，各坊不相连，形成通道通往外院。其中正房、厨房、仓库均落地，而畜舍保留干栏式形制（图 7-11）。正房为三开间前檐廊，尺度较其他几坊大，房中堂屋居中而后退，留出入室过渡空间，具遮阴效果，且不设厅门；左右为卧室，房门设于堂屋内。空间以木板、竹篾相隔，不通顶，保证相互之间的通风采光，墙上无开窗（图 7-12）。正房高出地面约 1 米，台基较其他几坊房屋高，既沿袭了傣族干栏吊脚楼防水防潮的特点，又强调了正房的主体地位。前廊设竹篱或木栏杆，起遮阴的效果，经济富裕的人家还加设木制雕花美人靠，极具装饰性（图 7-13）。厨房为两开间大小，中间不设隔墙，面积较大，内置傣家传统工具米碓。谷仓也为两开间大小的平房，地面略架空，留通风口（图 7-14）。畜舍与主房位置相对，三面设墙，正面开敞，一层圈养牲畜，二层储物。

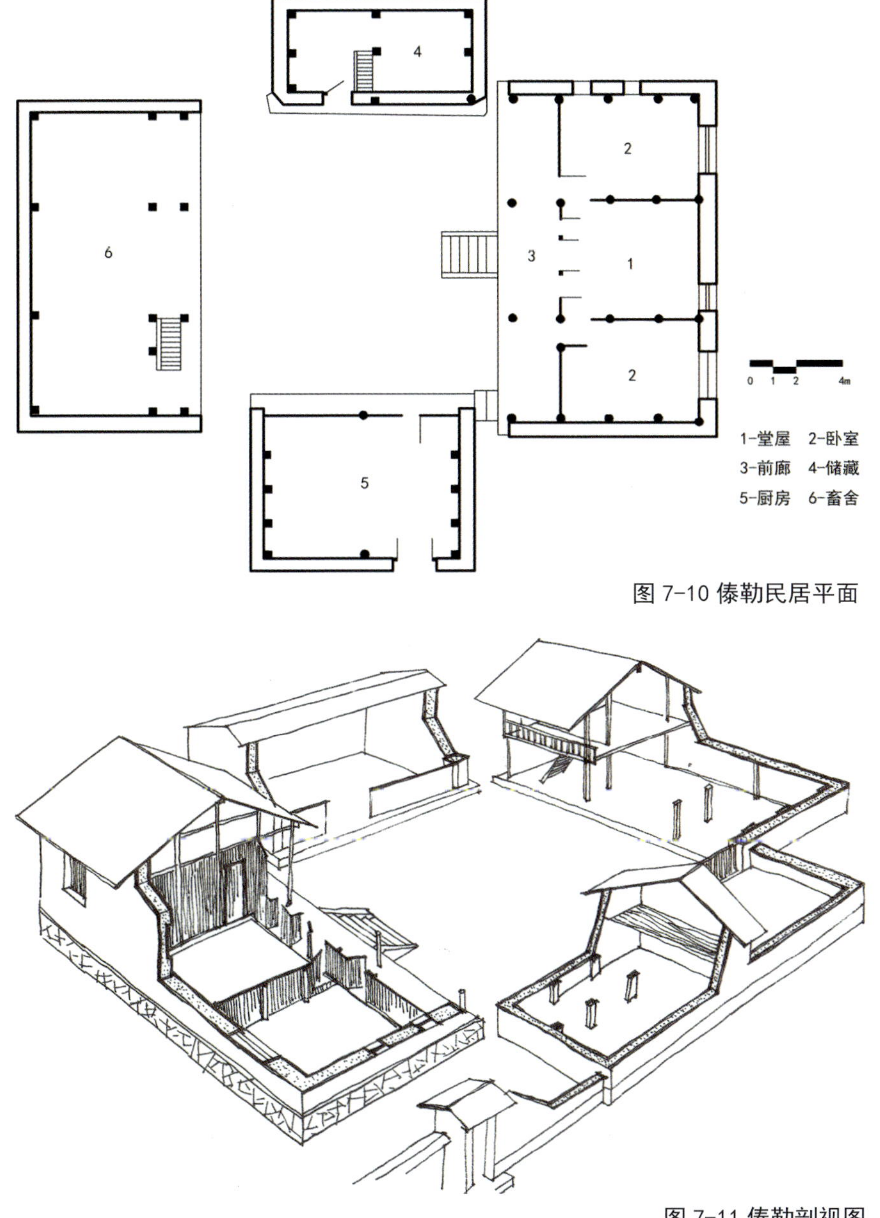

图 7-10 傣勒民居平面

图 7-11 傣勒剖视图

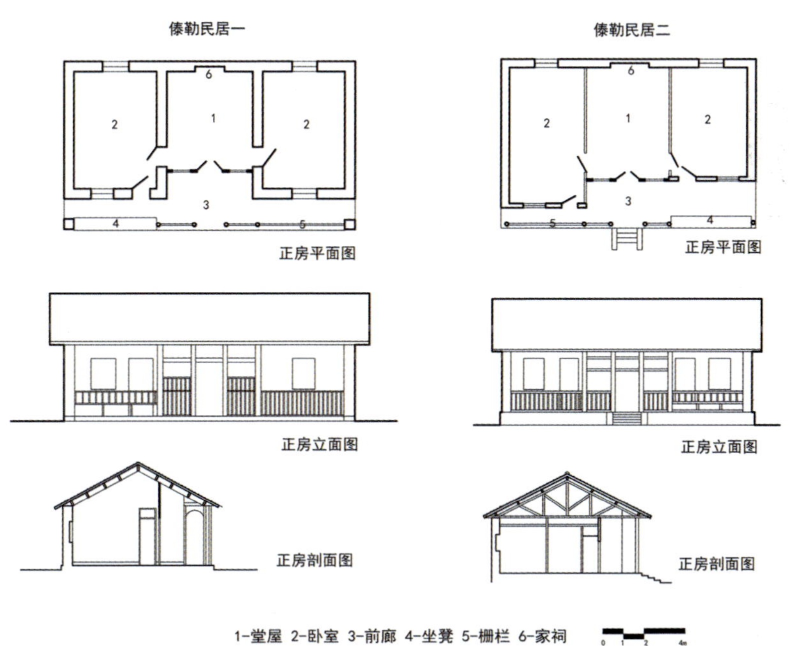

图 7-12 傣勒民居正房图

图 7-13 前廊围栏

图 7-14 谷房

二、建筑用材与营造

傣勒民居建筑结构及用材经历过三次改良，最早以大竹为柱、竹篾为墙、茅草为顶；后来改用木结构，木柱子下垫石墩，增加了柱子的防潮、防腐性。再后来又采用土木抬梁结构，砌土坯山墙、置瓦顶，使建筑更加持久耐用。

民居虽从建筑形制上表现出汉文化的特点，但是建筑材料和构造上很好地利用了本土材料并结合了当地气候特征，体现了强烈的地域性。地坪始终为夯实素土，外表刷以塘泥，清爽干净细腻（图 7-15）。竹子作为易得材料，不仅用于内部空间分割的建造上，还用于屋架上作为椽子以承接瓦片（图 7-16）。另外，作为储藏粮食的仓房“爷毫”，虽然完全是用土坯和泥灰等土质材料在平地建造，但其底部常做成通风的墙沟，以保持内部干燥，同时也多少体现出干栏建筑底层架空的特征和意味。

图 7-15 塘泥地面

图 7-16 木结构民居

三、地方化演变

德宏傣勒民居因在外观上与汉式合院极为相似，因此被误解为毫无傣族特色，其实不然。因受汉文化的影响，傣勒民居表现出与汉族民居相似的合院式特征，但是结合当地的气候特征与乡土用材，又发生了如下变化：

（1）平面空间组合松散、开朗，坊与坊之间不连接，留出过道通往后院，并起到通风透气的效果（图 7–17）。布局不讲究对称，用材不求统一，比起汉式合院更具有空间流动性和灵活性。

（2）堂屋后退留出的空间与前廊组合，形成入室的过渡空间，除具有交通联系的作用外，还在一定程度上取代了堂屋的功能，成为日常会客场所，比起堂屋更通风透气（图 7–18）。

（3）前廊边缘的围挡独具特色，具有遮阴、防护、围合等作用。围挡有竹编围挡和木围挡两种，其中木围挡做工精致，带座面，类似传统的“美人靠”，增加了前廊休息会客功能。这在其他地方的合院中很少见。

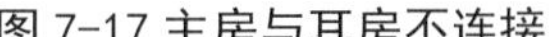

图 7–17 主房与耳房不连接

图 7–18 前廊

7.2 佛寺建筑

佛寺傣语称“奘”，在德宏傣族地区，常位于寨尾。傣寨“寨寨有佛寺，月月有佛节”，佛寺不仅是僧侣生活、从事佛教活动和信徒们拜佛祈祷的场所，还是村寨的公共活动中心。因佛寺伴随着南传佛教从印巴地区传入德宏，所以其建造样式与民居大不相同，具有明显的异域特征，且神圣庄重的特点使得它独立于傣寨，成为视觉的焦点。佛寺屋顶重叠高耸，上置塔刹，建筑高度高于民居。色彩也较民居绚丽庄重，并尽可能将其做的金碧辉煌，有金寺（奘罕）（图 7-19）、银寺（奘恩）（图 7-20）、宝石寺（奘相）之称。屋檐、屋脊，戗脊等饰以火焰状或植物状金属或木制饰物，做工精细美观，融入了傣家剪纸艺术。佛寺与朴实、简洁、低矮的民居形成反差，于竹篱茅舍间，建富丽的殿宇，不仅凸显了佛寺精神中心的地位，更成为傣寨最具视觉冲击力的景观。

图 7-19 金寺

图 7-20 银寺

7.2.1 傣寨佛寺的基本特征

佛寺的大小、规模、色彩、精细程度，除和村寨经济能力有关外，也受佛寺等级制度的制约。按等级，佛寺分为总佛寺、中心佛寺、基层佛寺。基层佛寺造型相对简单，通常为单体建筑，将前廊、佛殿、经堂、僧舍集于一体，一寨一座。中心佛寺和总佛寺通常为建筑群，除了造型华丽、引人注目的佛殿外，还单独设有藏经阁、戒堂、佛塔，以及一对守护佛寺的神灵“底布拉”。

傣族佛寺的布局灵活，表现出与汉地佛寺院落式规整布局的明显差异（图 7-21）。傣族佛寺的基本组成部分主要有佛殿、佛塔、僧舍、戒堂、引廊、寺门等。佛殿是佛寺最重要的元素。佛殿以其巨大的体量、精美的造型和装饰，以及显要的位置，确立了对整个寺院的控制优势。佛殿平面大多为矩形，主轴线呈东西向，主要入口通常布置在东端，佛像靠近西端，面朝东方。据说佛陀在菩提树下面朝东方成佛，故有此制。这也是傣族佛寺与汉文化佛寺相区别的最主要特征之一。

德宏南传佛教从掸北传入，傣德与缅北掸族一坝而居、一江而望，无论在佛寺的建筑风格、供奉的佛像及装饰艺术等方面，都尽得其传，更具缅文化特色。德宏佛寺与其他傣族地区相比，总体布局更加灵活。常将佛殿与僧舍合并成为一个整体，但各个部分相对独立，互不干扰（图 7-22）；通过高低不同的屋顶以暗示空间的主次。这些特征与德宏一带深受缅甸寺院影响有关。缅甸南传上座部佛教寺院习惯采用集中式布局，即以一个中央大厅来满足佛事活动的基本要求，表现出与泰国地区布局模式的明显差异。因此，德宏的佛殿和佛寺，在某种意义上是同义词。

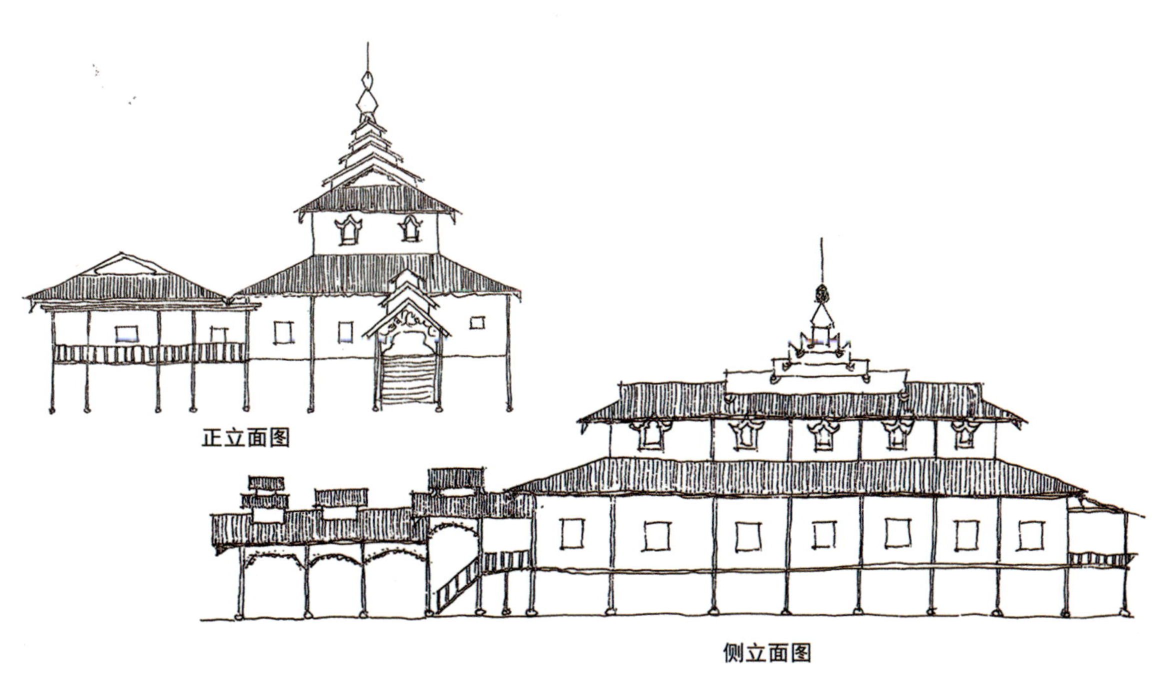

图 7-21 大等喊佛寺立面

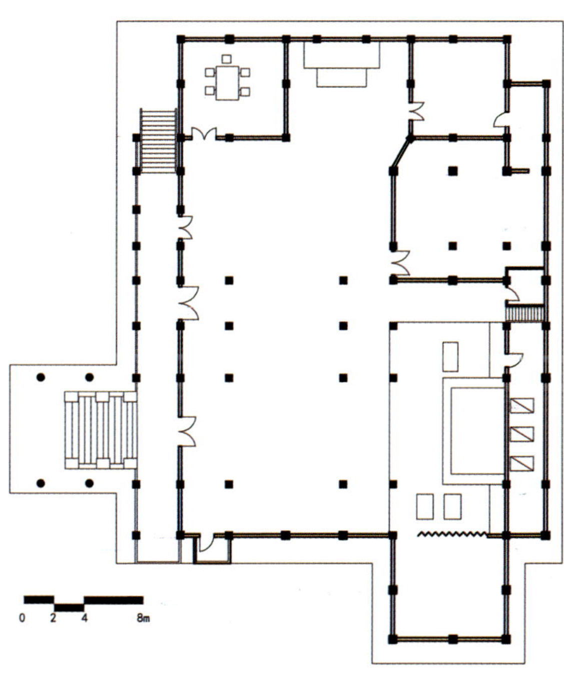

图 7-22 喊撒佛寺佛殿平面

7.2.2 地方演变

民居建筑为适应环境而建，体现着自然环境特征，而佛寺建筑则应文化而生，具有显著的人文特色。南传佛寺传入德宏也经历了一个地方化的过程，不仅融入了原始宗教的元素，也和民居建筑一样，受不同文化圈影响，表现出傣勒佛寺和傣德佛寺的差异，使得德宏傣寨佛寺造型多样，景观丰富。

一、傣德佛寺

傣德民居为单体建筑，佛寺却常以建筑群的形式出现，主体建筑为干栏式木制，可看作是普通民居的扩充和发展。佛寺布局自由，无明显轴线。佛殿空间最大，呈纵向布局，僧舍位于佛殿后，空间相通，但位于不同屋檐下；佛殿底层架空，在木楼板上铺竹席划分活动区域，墙面钉木板或竹席。

图 7-23 引廊

图 7-24 多层重叠顶

进殿入口位于佛殿山墙面，有长长的引廊引至二楼平台，成为入殿拜佛前的过渡空间，具有平静心绪的作用（图 7-23）。屋檐下的木挂落常装饰为镂空火焰纹或花卉图案。室内仅供奉释迦牟尼独尊像，或者佛圣与其弟子的群像。佛殿内装饰多为彩联与佛伞，殿外立有幡竿和异兽，有的还建有笋塔。屋顶为草顶或铁皮，出檐短浅，屋面多为坡度平缓的歇山顶，其中心部位常叠置有层数不等的气楼状小屋顶。最低两层具实际遮盖功能，往上逐级缩小，具装饰功能。置塔刹收顶，使佛寺似塔，高耸挺立，极具视觉冲击力（图 7-24）。

二、傣勒佛寺

傣勒佛寺外观最典型的特征就是介于汉家庙宇与缅寺之间。因其地理位置毗邻汉族聚居地，故吸收了较多的汉文化。佛寺通常为单体建筑，受汉化影响形制相对对称，且干栏式的底层处理逐步趋于地面化，出现“地奘”形式（图 7–25）。入口引廊短或消失（图 7–26），取而代之的是加设三叠式门楼或偏厦以强调入口，乍一看形如汉式殿堂。但与之不同的是，傣勒佛寺大殿的入口仍设置在山墙面，与左右偏厦相结合，突出建筑的对称性（图 7–27）。屋顶多为传统汉式的歇山单檐或重檐顶，歇山三角山墙和博风板成为入口的明显象征；屋顶四角沿戗脊方向飞檐起翘，凸显了建筑灵动与庄严（图 7–28）。殿内除供奉释迦牟尼外，还有大乘佛教中的菩萨，甚至道教八仙等。这种汉化了的南传佛寺景观，无疑显示出了佛教包容的特性，也使得德宏南传佛寺具有多元文化嫁接的特征。

傣勒佛寺外观处理虽然反映出一定的汉化现象，但并未从根本上改变它作为傣族佛寺的性质，反而使其自身的文化内涵得以加强。

图 7-25 地奘

图 7-26 引廊变短

图 7-27 山墙入口

图 7-28 歇山重檐顶

7.2.3 德宏代表性佛寺案例

一、傣德佛寺代表

图 7-29 大等喊佛寺

瑞丽大等喊佛寺位于瑞丽市南 10 公里处“等喊弄”村寨，佛寺始建于清乾隆年间（公元 1736~1795 年），属南传上座部佛教“朵列”派名刹。寺旁有一株婆娑如伞的大榕树。整座佛寺由前廊、大殿、僧舍、泼水亭、附殿和生活用房等部分组成。佛殿坐南朝北，其基座为典型的干栏式结构，承重柱和立柱较高，形成纵架式平面的柱网以承托大殿。通面宽 17.3 米，通进深 19.6 米，室内沿东西纵向布局，入口设在东北角，并有较长的入口引廊。引廊建成与佛殿相协调的重叠屋盖，并设小桥、栏杆，高低错落。殿前设亭阁两座，僧舍紧接在佛殿南面，平面进深与佛殿相同，面宽略小（图 7-29）。

从结构上看，佛殿大木结构极具特点，采用抬梁和穿斗结合形式，屋架则用六组自下而上逐层收小的人字形架，每层四面作偏厦形式形成六层重檐悬山顶式屋顶，檐与檐之间每层四面板壁均开有券型窗洞，既可采光通风又增加了美感。从外形上看，佛殿为重檐歇山顶干栏式殿堂建筑，墙面基本上类似放大了瑞丽傣族民居形式。只是两重檐的屋顶上下间距较大，下层实际上是四坡顶，上檐是歇山顶，且歇山面是比较小的三角形。在上檐歇山屋面居中处又升起 2~3 层不等的气窗式双坡下屋面，其上再置宝顶。

图 7-30 菩提寺

二、傣勒寺庙代表

芒市菩提寺是滇西南南传佛教“摆奘”派的著名佛寺，傣语称“奘相”，译为宝石寺，因寺前原有一棵菩提树，故又称“菩提寺”（图 7-30）。

建筑是傣、汉风格融为一体的代表性建筑。大殿由南、北厢楼与正殿的单座式建筑组成，坐西面东呈纵式平面。殿身由 36 根木柱支撑立地而起，面阔五开间，进深六间，基座为干栏式结构，屋架为抬梁式木结构。门亭与殿堂四面作偏厦式形成重檐，中堂顶部又挑出，另设歇山式天窗，形成三层重檐歇山屋顶，脊角反翘。檐口、脊都有悬鱼、鸱吻装饰，梁坊、门楣均有象征吉祥的花草异兽雕刻，造型古朴生动。殿前设一飞檐翘角的偏厦门亭，下置数级石砌台阶，殿前横排走廊，中央开圆形洞门。屋脊中央装置金属镂空“梯奘”（空心金顶），正脊两端和垂脊各端置有倒立的异兽石雕。

大殿前的庭院里，设有戒堂、方塔形香火亭、高挑的幡竿，泼水节行佛像沐浴礼的浴佛亭，以及放有巨大牛皮木鼓的鼓楼亭等设施。

7.3 佛塔

7.3.1 傣寨佛寺的基本特征

佛塔最初的含义为坟冢，存佛祖衣钵发齿等物，象征着佛教至高无上的“涅槃”。后随着佛教的普及，佛塔象征着佛和法的尊严，出现于信佛之地。佛塔在早期的南传上座部佛教寺院中占有十分重要的位置，有时是塔随寺建，有时是寺随塔建，有时则是塔寺分立。佛塔并非寨寨都有，所立位置由佛爷选定，常是具有特殊意义的地方。傣家佛塔景观具有叠加性和高耸性两个重要特征。

佛塔世俗化后，其外形变得更具纪念性，为体现佛塔的神圣性，将莲花、钟、钵等佛教圣物、法器变形后，按一定顺序叠置起来，使佛塔的外观成为圣物的叠加体，因此，佛塔也就成了神圣的叠加，受信徒敬仰（图 7-31）。层层叠加的佛塔，犹如音律一般，时而重复渐变，时而逆转高亢，最终余音回绕消失于天空。

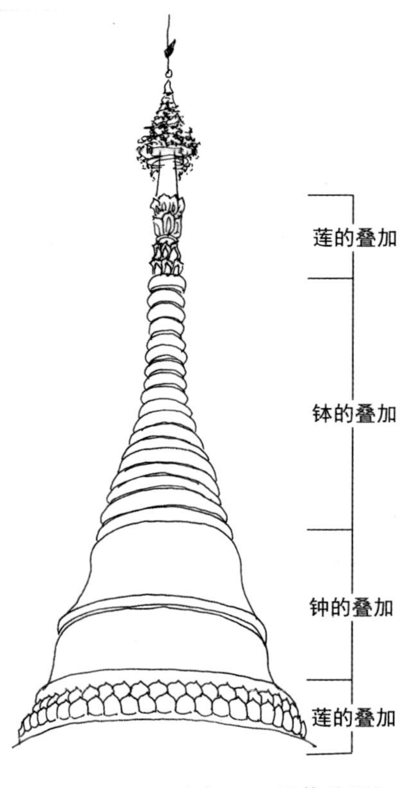

图 7-31 圣物的叠加

图 7-32 允燕塔群塔平面

7.3.2 德宏佛塔的特征

德宏佛塔风格沿袭中北掸邦，为缅式覆钟形塔。特点多以群塔出现，塔身与基座界限明晰，但塔身及相轮部分合为一细长圆锥体，没有平头，覆钵之上直接立相轮塔刹。佛塔大小各地不一，大如盈江允燕塔，占地 400 平方米，主塔高 20 米，有 40 座子塔；小如树包塔，包藏于树干之中。德宏佛塔多为群塔，常见的组合方式是一个大塔统率着数个小塔，因小塔一般分布于塔座的四角，或圆形的四个方向，故而一般是 4 的倍数（图 7-32）。小塔与大塔结合的情况有两种：共用塔座或者共用塔基。如前所述，这种塔的来源，最初是受大乘佛教的影响，例如“曼荼罗”、“须弥山”等。这种群体组合方式，对于丰富佛塔的造型十分有用，因此被广泛接受。

佛塔都有塔基、塔座、塔身和塔刹四个部分组成，主要特征为在夯土地面上用砖或石铺砌一层平台作为塔基，其平面形状与塔座形状相呼应；塔座多为须弥座的形式，高度及层数不等，上下宽、中间窄，形成束腰，有独尊和稳固之意，源自古印度，相传须弥山是佛教世界的中心；塔身如钟，多为覆钟式和覆钵式，上彩绘有各式狰狞的神兽，给人敬畏之感。塔颈如针，为多层葫芦状，逐级缩小，高耸挺立；塔刹华丽，包括莲座、相轮、刹杆、华盖、宝瓶以及风铎等几个部分组成。由于傣家佛塔远看如雨后春笋，也被称为“笋塔”。塔前有一对灵兽守护，昂首挺胸、令人生畏，被称为“嘎朵”。基座四周有佛龛，内供奉佛像。塔身装饰来源于莲、孔雀等佛教圣物的抽象表达。整个佛塔集傣家艺术与信仰于一体，不仅是一件极具观赏价值的艺术品，更倾入了傣族的精神世界。高高耸立的塔姿，形成和上天对话的工具，表达了傣族对美好极乐世界的向往(图 7-33)。

佛塔以通天之资立于傣乡，或于田间拔地而起，或隐现于山冈之上。以纵向离心的形态打破民居横向平铺的妥协感，极容易成为视觉的焦点，充分体现了佛塔的神圣、高贵。金塔富丽炫目、白塔雅致端庄，远眺傣寨，塔刹若隐若现于浓郁的树林中，微风拂来，塔刹风铃叮当作响，轻音飘远、致静悠长。

图 7-33 佛塔

图 7-34 姐勒塔

7.3.3 德宏代表性佛塔

一、瑞丽姐勒大金塔

该塔位于德宏瑞丽市姐勒镇西南约 300 米的一小丘上。按傣文史料《姐勒金塔史》所载，该寺于清乾隆之前即已存在，后坍毁并于乾隆二十一年(1756 年)重建。汉文史料《民国勐卯地志序》云：“姐勒之金塔，为数十七，建立年代久远不可考……俗传其地，发现佛骨，形状色泽大小不一，往往于夜间大放光芒，五光十色，极为奇丽，迷信者见之，逐渐觅获，建塔其上，并立奘房祀之。”（图 7-34）

该塔占地 3850 平方米，建筑面积 706.5 平方米，系大型群塔，各塔均为实心砖砌。塔群的布局分为里外三层。中央立主塔，中圈一层立中塔，外圈一层小塔，共计 7 座。巨大的圆形塔基上设置各单座塔的底座，各塔的基座均做成莲花须弥座式。主塔高 36 米，矗立于塔基中央，其底座设六层，每层的四个角均向内递收 2 折，侧视呈向外起伏的层层平面，正视为重叠成组的亞字形（图 7–35）。塔身作巨大的重叠钟鼓形状，表面川金色瓷砖镶嵌，上有多种纹饰图案。

姐勒佛塔从其布局、造型看，与缅甸蒲甘王朝时期所建的瑞喜宫塔（今仰光大金塔）有相似之处，从中可见缅甸佛塔建筑风格对德宏的影响。作为上座部佛教圣地，该塔在东南亚一带也享有很高的知名度。

二、盈江允燕塔

允燕塔位于盈江县城平原镇东 2 公里处的允燕山北麓，始建于 1947 年（民国 35 年），是盏达末代土司刀思必治之子刀鸿升、刀鸿瑞兄弟所建。

允燕塔的塔基座（金刚宝座）由 5 层叠加而成，底层呈方形，四周共设置小塔 28 座，第 2~4 层基座均为方形束腰须弥座，四角各置小塔 1 座，3 层合计有小塔 12 座。须弥座四边均向两侧递减，总体呈亞字形。主塔通高 24.9 米，塔身作覆钵，底部作双层仰莲。其上为覆钵，覆钵底部边缘轮廓分明，通体曲线柔美。塔身分作 2 层浮雕天神图案 7 个，天神面目狰狞双手下垂与相邻天神互持宝珠一串，塔身上下层间有一横线相隔，其上浮雕三角形、鸡心形图案，均饰火焰状花边（图 7–36）。

允燕塔是外来佛教文化和傣族传统建筑融为一体的创造性建筑，此类佛塔全国仅有两座。虽然年代不太长，但由于造型独特优美，塔体壮观，在众多佛塔中很有名气。

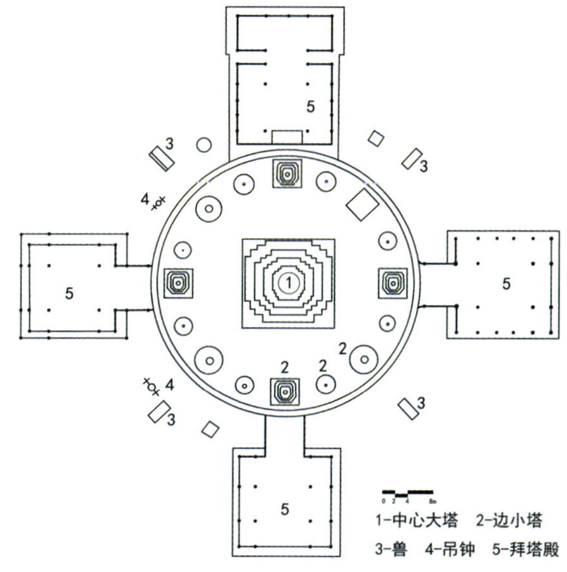

图 7-35 姐勒金塔平面图

图 7-36 允燕塔南面全景

8 德宏傣寨绿地与植物

8.1 绿地分布

德宏傣寨绿地指傣寨村域范围内的植物群落空间，其分布范围从寨外延伸到寨内，起着过渡地景与建筑的作用，所占村域面积比例最大（图 8-1）。德宏傣寨绿地分布有序、完整，与山、水配合，构建了村落的生态安全体系。且德宏傣寨绿地多为傣族有意识保护、种植下形成，反映了傣族朴实的生态观和丰富的植物应用经验，对民族植物学研究具有重要意义。

图 8-1 傣寨自然环境

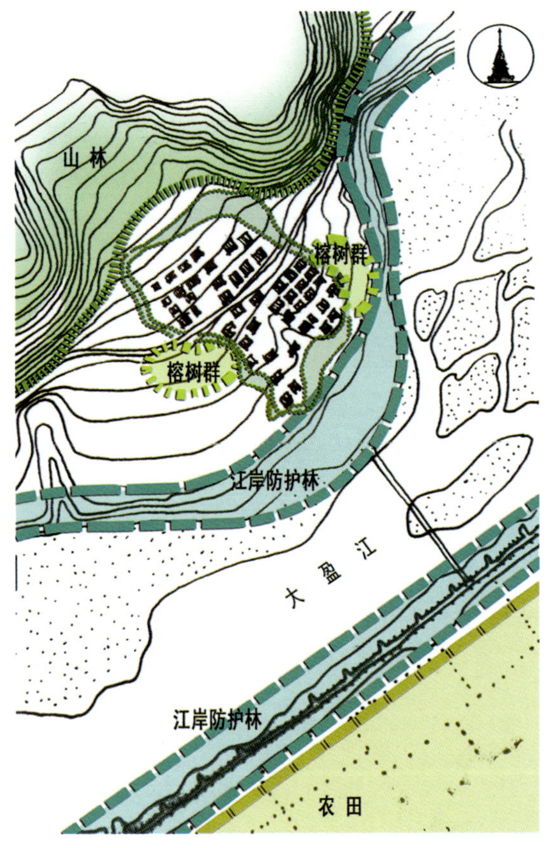

图 8-2 芒别寨植物布局

德宏傣寨绿地主要有绿块、绿带、绿环、绿线、绿点 5 种形态，并组合分布在寨外、寨边、寨内，形成 3 层空间格局。从外到内依次为：寨外（山林绿块 + 农田绿块 + 护堤绿带）—— 寨边（防护绿环 + 高山榕绿块）—— 寨内（绿点 + 绿线）（图 8-2）。

8.1.1 寨外绿地

一、山林绿块

山林，位于坝子四周，是傣寨的生态屏障，在与自然相处的过程中，傣家人深刻认识到有“林才有水，有水才有田，有田才有人”，所以，傣家人积极保护山林，禁止随意采伐树木，以保持山林青翠、物种丰富，提供源源不断的水流。而青山回报给了傣寨清新的空气、丰沛的水流、丰富的物产，稳定着整个傣乡的生态平衡（图 8–3）。

二、护堤林绿带

江河，是傣族生命之源，傣族对其敬之、用之、防之。为避免水患，稳固江堤，傣族沿江种植林木，形成护堤林带。护堤林在初期仅种植乔木，后自然生长演替为多层次的植物群落，主要结构为：第一层：大薄竹 + 凤尾竹 + 油簕竹 + 四子柳 + 红皮柳；第二层：云南樟 + 假桂皮 + 小叶楠 + 朴树；第三层猪屎豆 + 狗牙花 + 黄毛榕 + 九节木；第四层：水蕨 + 芦苇 + 粽叶芦。这些植物沿江岸绵延数十公里，与江河水生生物群落共同构建了绿色的河流生态系统，像一条绿廊横穿整个傣乡，形成了清脆繁茂、旖旎醉人的河流风光（图 8–4）。

三、农田绿块

农田，是傣族生存之本。傣族选河谷平原而居，正是出于种稻的需求。种稻季节，傣寨四野稻浪翻滚，一片青翠，收割时节则金黄遍野，灿烂景象，傣寨就如座座小岛，镶嵌于稻海之中（图 8–5）。

图 8–3 寨后山林

图 8–4 护堤林

图 8–5 农田

8.1.2 寨边绿地

傣族善利用植物对空间进行围合，以达到防护隔离的效果。为避免村寨裸露于农田中，傣族在村寨边种植竹类、榕属类高大植物，形成“绿墙”，包围着村寨。（图 8-6）

一、寨边绿环

德宏傣寨多居于平坝，因四周空旷，缺乏安全感，需人为构建边界防护设施。而竹因根繁枝密、萌发力强，连片种植可起到防袭、防沙、防风的作用，常被傣族环状种植于寨边，以保护村寨。

寨边的竹林宽度在 3~10 米，以禾本科竹亚科植物为主，混生有天南星科、蔷薇科、龙舌兰科等典型南亚热带植物，形成环状植物群落。竹林绿环像城墙般保护村寨免受外界侵扰，更因其生态性，将建筑完美隐于自然中，使傣寨与外环境融为一体，营造了“竹林深处有傣家”的意境。

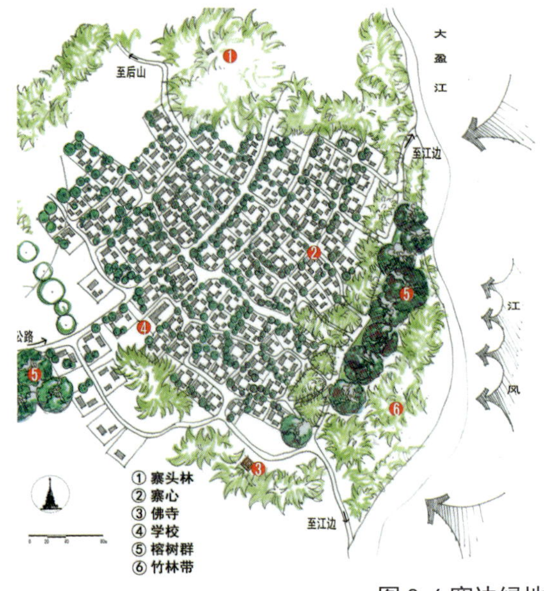

图 8-6 寨边绿地

二、出入口边高山榕树群

高山榕是傣寨神树，因其冠大荫浓常被种植于村寨出入口附近，形成高山榕树群，是傣寨特殊的绿色空间。高山榕单株体量大，成群种植后与依附其生存的其他动植物组合成大面积的群落斑块，成为傣寨生态系统的重要组成部分，对傣寨小气候的调节起到重要作用。

图 8-7 宅旁绿化

8.1.3 寨内绿地

一、宅边绿线

德宏傣族喜用、擅用植物划分宅基地，通过多层次的植物搭配，对空间进行隔离划分。枝叶密集、分枝点低的植物被种植于宅边，不仅界定了私人领域，更达到了美的效果。通常宅前栽植低矮花草灌木，宅后种植高大乔木，形成宅院多层次的植物景观，反映了傣族对植物的热爱，对美的追求（图 8-7）。

二、庭院绿点

绿点是指散植于村寨内的大乔木或小型植物群落，多人工种植于庭院内，起美化、实用的目的。主要有食用植物、观赏植物、芳香植物、药用植物和防护植物，体现了傣族对植物丰富的认知与应用经验。

8.2 植物资源

德宏在植物区划上属于古热带植物区马来亚森林植物亚区滇缅泰地区，这里多样性的种质资源很早就引起了西方探险家的关注。傣族村寨位于该区低热河谷地带，植被类型以雨林、季雨林、常绿阔叶林为主。其野生种质资源主要分布于傣寨背后的山林，而具有实用价值的物种，则被引种种植于宅前屋后，使傣寨成为“花鸟天堂，百草宝库”。

据调查统计，德宏傣寨内常见植物共计 181 种。其中，乔木 26 科 41 种，竹类 7 种，灌木 16 科 36 种，直立草本 18 科 48 种，藤本植物 17 科 31 种，地被植物 7 科 9 种，水生植物 8 科 9 种。而傣寨常见植物中乔灌木常绿植物 44 种，落叶植物 33 种，比例为 4:3。其中，在乔木中，常绿乔木 22 种，落叶乔木 19 种，比例为 1.2:1，以桑科榕属植物种类最多。灌木中常绿灌木 22 种，落叶灌木 14 种，比例为 1.6:1，大戟科植物种类最多。因此，冬季的傣寨依旧绿意盎然（图 8–8）且这些植物多为人工栽培，出于实用的目的。其中实用功能最突出的依次为：食用、药用、观赏、防护隔离、香薰调味等。（详见附表：德宏傣寨常见特色园林植物调查名）（第 114 页）

图 8–8 冬季的傣寨依旧绿意盎然

8.2.1 观赏植物

德宏傣寨常见观赏植物 45 种，占植物总数的 24.9%，其中观叶植物 14 种，有姜科、芭蕉科、天南星科、龙舌兰科、大戟科、蕨纲等叶形奇特的植物；观花植物 20 种，主要为鸢尾科、蔷薇科、百合科、旋花科植物，其中箭根薯花色花型奇特，极具观赏价值（图 8–9）；观果植物 7 种，如：菠萝蜜、密花胡颓子等。观形植物 4 种，如体量高大的高山榕，姿态奇特的露兜树。

图 8–9 箭根薯

8.2.2 食用植物

德宏傣寨常见食用植物 73 种，占植物总数的 40.3%。其中，食叶 24 种，如：树头菜（帕贡菜）、云贵厚壳树（鱼籽菜）、黄连木（茶叶菜）、香椿、旋花茄（苦子）、少花龙葵（苦芊芊）、臭菜藤（帕哈）等；食花 7 种，如姜花、密蒙花；食根 7 种，如：鱼腥草、高良姜等；食果 35 种，如：芒果树（麻檬）、菠萝蜜（麻朗）、番木瓜（麻酸颇）、番荔枝（麻窝渣）、番石榴（麻里嘎）、西番莲、柠檬、柚子、香橼、密花胡颓子（羊奶果）、红茄（大苦子）、树番茄（洋酸茄）等（图 8–10）。

8.2.3 药用植物

傣寨常见药用植物 60 种，占植物总数的 33.1%。有主要用于妇女产后除毒的喜花草、三叶蔓荆、九里光、鱼眼草；清热去火的臭灵丹、马鞭草、白茅根、白花蛇舌草、鬼针草、倒提壶；消食的龙胆草；治疗腮腺炎的仙人掌等。素有“路边一抓三味药”的说法，是傣药的常用药材。

8.2.4 防护植物

傣寨常见防护植物有 29 种，占植物总数的 16%。主要有竹、马缨丹、玉叶金花、金刚纂、变叶木、栽秧泡（黄泡）、多花蔷薇、木槿、扶桑、仙人掌等，这些植物生长迅速、枝干密集或有刺，不仅起到隔离、防护的作用，且同时具备可食、可观的美化、食用价值。

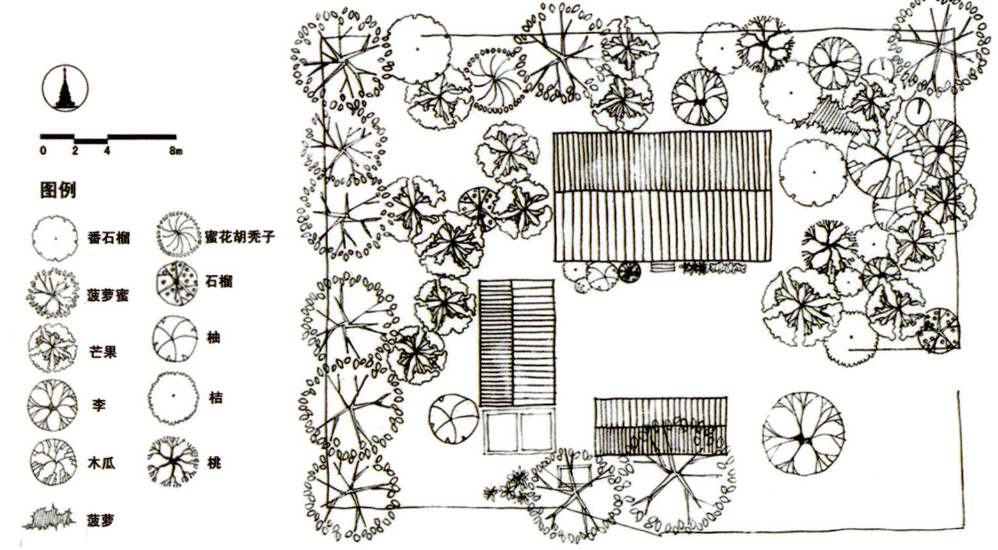

图 8–10 宅院内果树种植平面

8.2.5 芳香植物

傣寨常见芳香植物 18 种，占植物总数的 10%，其中用于香薰的 9 种，如：香雪兰、白兰花、素馨花；用于调味的 9 种，如毛罗勒、紫苏、藿香、马蹄金、野薄荷、野草香、水蓼等。调味植物是傣家餐桌上必不可少的调料，也是傣味菜肴的独特之处。

8.3 植物景观层次

傣寨植物在垂直方向有 4 个景观层次，从高往低依次是上层高大乔木及附生垂吊植物—中层乔木、大灌木、大直立草本—下层小灌木、直立草本—铺地植物（图 8-11）。最高层植物以桑科榕属植物和禾本科竹亚科植物为主，多种植于村寨边界，高度可达 20 米，构建了傣寨绿色的天际线，榕属类乔木

图 8-11 植物景观垂直层次

上易附生植物，形成垂吊景观；第二层，以乔木、大灌木、大直立草本为主，多为果树、庭荫树、防护植物；第三层为小灌木、直立草本，满足观赏、防护隔离的需要；最低层为铺地草本，多可食用。而藤本植物中，喜阴的攀着其他植物，喜阳的爬于竹篱上，联系了植物上下层次景观。

8.3.1 上层高大乔木及附生垂吊植物

傣寨气候适宜植物生长，植物高度普遍偏高，其上层植物主要为榕属、竹属植物，高度可达 20 米以上。这些高大的植物主要集中于村寨外围，起到防护、遮阴的作用，很好的对傣寨进行了空间围合。高山榕为傣寨最高大的植物，其冠幅、高度均为傣寨植物之最，有独树成林的景观。竹具有丛生密集的特点，被广泛用于村寨边界的围合。竹修长，竿柔韧，竹叶婆娑轻柔，竿稍弯曲如凤尾，连排丛生，构成半包围的林荫空间。村寨内部的高大乔木，多为各家宅院内种植的果树，如芒果树、菠萝蜜，完全可遮盖于建筑之上，起遮阴作用。另外铁刀木、楠木、露兜树、王棕、鱼尾葵、南酸枣、刺桐、木棉亦十分高大，和竹林混生于寨边，丰富着傣寨上层空间。

垂吊植物主要指附生与高大植物之上的兰科、蕨类、苔藓类植物，以天然垂吊的形态，装点着傣寨的高层空间（图 8–12）。常见的有虎头兰、石斛、鼓槌石斛、聚石斛、铁皮石斛，大多附生于树干上，尤其喜爱高山榕。繁多的气根抓在高山榕粗壮的枝干上，肉质肥厚的叶茎下垂，花形如蝶，一串串大而绚丽，装点了一片多彩的天空。站在树下向上仰望，风动时如彩蝶飞舞，一片雨林风光。

上层植物树冠宽大可遮阴，界定了傣寨的顶界面，营造了绿荫的环境，起到防晒、遮阴、挡风的作用，并构成了傣寨美丽的天际线。如，刺桐、木棉花、凤凰木，花开如火，渲染了傣寨天空。 而上层植物的树干高且直，构成了傣寨丰富的、虚实相生的立面效果，并起到空间划分的作用。如，榕树属树干粗大奇特，下垂气生根；棕榈科树干通直，留着美丽的叶痂肌理。而高达 5 米的枝下高，也不会对室内采光、通风造成影响。

图 8–12 附生植物

8.3.2 中层乔木、大灌木、直立大草本

中层植物主要为小乔木、大灌木、直立大草本，高度在 2~5 米左右，大部分为食用、观赏植物。例如白兰、棕榈、羊蹄甲、酸豆、柠檬、番木瓜、番荔枝、番石榴、一品红、芭蕉、香蕉和蔷薇科的桃、李、梅、杏等。而有趣的是，原本为高大乔木的黄连木、香椿、树头菜、云南厚壳树等植物，由于嫩叶为傣家喜食菜肴，每年春季大量采摘，因此生长高度受到限制，只能归于这一层。

中层植物分枝点低、树体矮，具有强烈的空间限定作用，不仅妨碍人的行走，更限制了视线的延伸。种植过多不仅影响室内通风采光，更造成空间堵塞的感觉。因此常出现于边界，庭院内栽植量不大，仅选择十分具有观赏、食用价值的少数几种，散植于宽敞的后院。中层植物数量虽不多，但与傣家生活密切相关，花开果熟之时最是诱人，是傣寨立面景观的重要元素。

8.3.3 下层小灌木、直立草本

下层植物多为小灌木及直立草本，高度在 2 米以下，主要出于观赏、药用、防护等功能种植。有姜科、天南星科、鸢尾科、龙舌兰科等观赏植物；有茄科、爵床科、唇形科等药用植物；有马缨丹、玉叶金花、扶桑、木槿等防护植物。

该类植物通常花姿绚丽、叶形丰富、种类繁多、四时可观，且植株高度适宜，与人亲和性强，便于观赏、采摘。因此常常以花坛、花境的形式种植于屋前。又因为下层植物高度不高，很少妨碍视线通达，但可以起到引导人的行走，因此也被用作空间的划分，出现于宅院边界，即划分了宅基地，又美化了庭院。

8.3.4 铺地植物

铺地植物主要指贴着地面生长的植物，该类植物往往根系短浅，受地表水影响较大。傣寨干湿季分明，干季时地表缺少水分，铺地植物往往枯死或休眠，傣寨地面略显干燥、多灰。而当雨季来临时，接天连日的雨水，很快让这些植物迅速窜生起来，覆盖于地表、石头之上，傣寨立刻显示出浓绿湿润的景象，因此这类植物也成为傣寨干湿季的重要指示物。主要为苔藓门、蕨类门植物，和一些喜潮湿环境的，如积雪草、普通天胡荽、野草香、野薄荷等匍匐生长植物。而地毯草为傣寨最常见的草种，干湿季均有，尤其雨季时生长迅速，铺满整个傣寨地面，仅留出人行走的痕迹。

铺地植物是傣寨下垫面的重要景观元素，人们在行走中的触感、视觉会给人留下深刻印象，从而影响人们对傣寨的感受。也因此，即使傣寨立面上的乔灌木四季常青，但是铺地植物的干湿变化，也让人感到了傣寨干湿枯荣的区别。

8.3.5 藤蔓植物

藤蔓植物包括木质、草本等具有匍匐、攀缘特征的植物。傣寨气候十分适宜此类物种生长，因此从傣寨地面到上空都有其踪迹，犹如一张张网，联系了整个空间。主要有野生攀爬于其他植物上的菟丝子、绿萝、合果芋、葛藤、绞股蓝、省藤、白花丹等耐阴植物；攀爬于竹篱上的海金沙、九里光、野胡椒、小葫芦、木鳖、樱桃番茄、牵牛、茑萝松等喜光的植物；长于石头缝，喜攀墙爬石头的藤三七；还有傣家十分钟爱，搭架种植的素馨花、炮仗花、五爪金龙、三角梅、大丽花等美丽的藤架花卉，为傣寨重要垂直绿化植物。

藤蔓植物有趣的绕茎、多样的叶形和绚丽的花姿，或缠绕于树干上，或攀爬于篱架，形成了一幕幕花墙。不仅丰富了村寨立面景观，增加了空间层次，也使傣寨增添了不少野趣（图 8-13）。

图 8-13 藤蔓植物

8.4 植物文化

8.4.1 尊重植物

原始宗教的“万物有灵”，佛教的“众生平等”，以及傣家“林、水、田、粮、人”的生态意识，让傣族对植物是分外的依恋与喜爱。每逢春节，傣家人将红纸条粘贴或缠绕于树干上，称为“封花”，希望花草树木也能和人们一起过节，接受新年的祝福（图 8–14）。傣族不得已要伐木建屋，也要先告慰大树，唱砍树歌，以表达内心的歉意。这些行为足以看到傣族对植物的重视和对生命的尊重。

图 8-14 封花

8.4.2 生活化的植物运用

出于生活生产的需要，傣族将植物种植与生活运用相结合，充分利用植物特性，满足傣寨不同需求，这也使得傣寨植被景观具有明显的人工痕迹。

第一、利用植物的建造功能，进行空间围合。傣寨植物种类丰富、高大繁盛，可以起到很好的空间防护、划分作用。这也使得傣寨植物多集中出现于边界位置，成带状、环状分布，具有很强的空间围合感。用植物围合空间，不仅起到美化傣寨的效果，达到自然与建筑的和谐过渡，也满足了遮阳蔽日、降低温度的作用，为傣家提供了清爽的环境。

第二、利用植物的食用性、药用性。果树、食叶树的广泛种植，不仅能满足自家食用的需要，也可以为傣家带来额外的经济收入。通常散植于院落中，形成房前屋后的庭荫树，而常用药用植物的种植，可方便随时取用。

第三、用材的需要。傣寨最多、最易取得的资源便是植物。竹为主要的建筑用材、器具用材、交通用材、施工用材（图 8–15）；椿木为主要的家具用材；铁刀木为主要的薪碳用材。这些植物被广泛种植于村寨周围，便于取材运用。

图 8–15 竹桥、竹门、竹景

第四、观赏的需要。生长于富足土地上的傣族，大自然给了她们无尽的资源，培养了他们温和谦卑、爱好和平的个性，过着与世无争的日子，是个极其热爱生活，享受生活的民族。安逸知足的生活使傣族更乐于品味生活，于是养花、赏花成了她们的爱好。家家户户、房前屋后都种植了花姿绚丽、芳香沁人的花卉，满足了人们的视觉欣赏，更陶冶了情操。

第五、赕佛的需要。以鲜花供佛，是傣族生活的一部分，每每上奘，老人们都手捧鲜花，敬献佛祖，佛殿内也要保证常年花草盛开。这样频繁的用花需求，也促使了家家种花的行为。将自家种植的花草献给佛，更显虔诚。

8.4.3 崇尚佛教植物

傣族信仰南传佛教，教规规定了几种具有佛教意义的植物，必须选其几种种植于佛寺旁，为佛教活动必不可少的植物。凡此类植物，傣家必敬之，并且以栽种佛教花树为重要善举。最典型的就是佛教的五树六花。五树指菩提树、铁力木、大青树（高山榕）、贝叶棕、槟榔树；六花指睡莲、文珠兰、黄姜花、黄缅桂、地涌金莲、鸡蛋花。尤其是菩提树，相传佛祖于菩提树下顿悟成佛，因此菩提树在佛教象征着顿悟，与佛塔象征涅槃一样，被认定为佛教中至高无上的境界。栽植需举行神圣的仪式，选址也颇多讲究，通常位于佛寺旁。佛教对植物赋予的特殊内涵，丰富了傣寨植物文化，也促进了人们对植物的保护、敬重。

8.4.4 精神寄托

高大繁茂的大树不仅让人产生敬畏，更因其旺盛的生命力而受到人们的崇拜。于是，人们把其视为神树，可以保护傣家子孙繁茂、永世昌盛。这类能够满足傣家精神寄托的树种主要为桑科榕属的大乔木，尤其以高山榕居多，傣家常称其为大青树。所以，在傣寨，这些树的树干上常常缠绕着祈福的五色线（图 8–16）；树洞里塞着水果、鲜花；或于树脚旁搭设祭台；或以石块相围，作为神圣领域的限定（图 8–17）。这一系列的措施，使得植物景观多了许多神秘的人文色彩，路人也被感染着对这些树木产生敬畏之情。

图 8-16 祭树

图 8-17 树下神圣的区域

9 德宏傣寨水景观

傣族和水有着深厚的渊源，傣族也被称为“水的民族”。无论是众所周知的泼水节，还是傣族的音乐、舞蹈、文字，都渗透着水的灵性与温婉，这一切都得源于傣族伴水而居。水养育了傣家人，孕育出了傣家灿烂的水文化，水景也成为傣寨的重要景观。浩瀚如江者，宽缓旖旎；出山清流，时慢时急；水田渠中摇稻影，方方水池静人心。傣寨的水景或动或静，都犹如一位温柔的傣女，踏着婉转青歌而来，挪着婀娜身姿而去，温婉安静、静远悠长。

9.1 独特的水文化

当一种事物被称其为文化时，它必然是赋予了人类社会实践的能力，得到了创造性的成果。水就赋予了傣族生存的能力，并形成了傣族独特的魅力。这种水文化的独特性就表现在：首先，傣族的水文化是原初文化，可追溯到傣族先民，居住在东南沿海河流纵横的古越人，并沿袭了越人临水而居、种水田的习俗。其次，傣族的水文化具有完整性，它影响了傣族的吃、穿、住、行，形成了傣族温婉的性格、婉转的语调、曲绕的文字，贯穿了整个傣族的物质世界和精神世界。最后，傣族的水文化具有多元特征，它融合了百越、中原、印巴等文化中的水文化，创造了傣族自己的水文化，比如泼水节就来源于印巴地区的古老宗教仪式，每逢泼水节，傣族就来到江边举行仪式及节庆活动（图 9-1、图 9-2）。有了这种独特的水文化背景，傣寨水景也就具有了深远的内涵，引发无限的情感。

图 9-1 立花塔

图 9-2 老人诵经

9.2 有序的水网布局

与水几千年的交融，傣族对于水已经不再是单纯的取之、敬之。而是与水建立起了深厚的情谊，他们懂水、爱水、利用水，根据生产生活的不同需要，对水进行了合理的引流疏导，形成了灌溉用水、生活用水、饮用水的合理分工，组成了一套完整的用水系统，形成一张水网，覆盖在村寨内外。

傣寨水系形态主要有线状水系、面状水系、树枝状水系和点状水系。线状水系，主要是指横穿坝子的江、山间流出的河、开挖的水渠，江河相互垂直，密布成网，构成了傣乡基本的水体骨架，引江河水灌溉农田，人工沟渠与自然江河贯通，丰富了水网。面状水系主要指水塘、水田，或人工开挖，或自然汇聚，形成困水，可养鱼桑、植稻谷，成为水网的节点，分布于傣寨周围。树枝状水系主要指寨内的水流，由寨外河道引出，流入寨子后分为几股，流淌于各巷道内，成树枝状（图 9-3）。点状水系则是指寨内水井，靠地下出水，砌池而聚，为公共饮用取水之地。

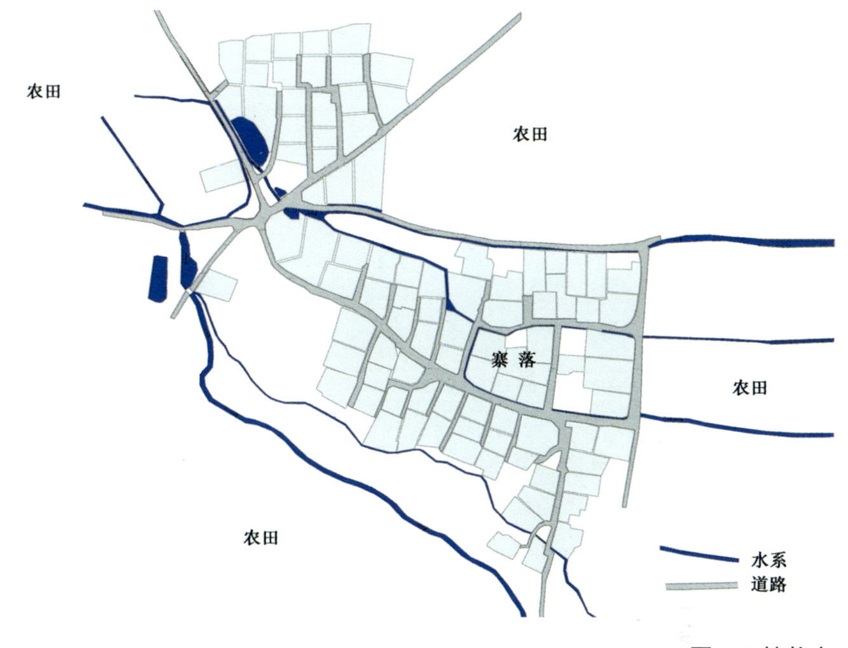

图 9-3 枝状水

9.3 丰富的水景

或自然天成，或人工挖掘，整个傣寨布满水网，长长方方、亦动亦静，构成了傣寨丰富的水景观。

9.3.1 相望旖旎江

德宏境内流经傣乡的江河表现为平原河流类型，该区段内的河流由支流汇聚而成，具有比降平缓，流速小、流量大，淤积占优势，多浅滩沙洲的特点。形成了傣乡江道宽，江水缓，两岸白沙慵懒、翠竹婆娑，江心绿岛浮现、水鸟翱翔的江河湿地景观。没有奔腾咆哮的江声，没有卷起千堆雪的惊涛拍岸。只有弯曲蔓绕的江、白色细软的滩，凤尾摇曳的竹，也正是看着这般柔美江河长大的傣家人，才能如此的谦卑和善、温婉动人。江道两岸是宽阔的防护林，

图 9-4 大盈江

以竹为主，丛生着大量的南亚热带观叶植物，物种丰富、绚丽多彩，营造了旖旎温婉的江河风光。大盈江、瑞丽江也因此被列为国家级风景名胜区（图 9-4）。

旖旎的江景为傣寨三大地景之一，也是傣寨水网的核心。靠近江道的傣寨，每日与江水为伴、枕水而居，出行划竹排、过竹桥，穿梭与江面上。农田用水也引自江水，江景无处不在。而位于山脚，远离江道的傣寨，与江水少了些许亲密，只能相望于江，远远欣赏它的旖旎多姿。

9.3.2 环绕出山水

坝中宽广的江面全由百股山凹流水汇聚而成，几乎与主江道垂直，密布于坝子（图 9-5）。山水虽河道不宽，流量不大，但却有着比降大、流速快的特点。尤其在雨季，山水来势汹汹，卷带着泥沙冲向坝子，对傣寨造成威胁。但智慧的傣家人却利用了山水这种流速大的特点，将山水引入寨，除满足寨内清洁、防火的需要外，泥沙沉积可抬高寨内地势，以防水患。

山水是远离江道的傣寨的主要水源，其灌溉用水主要来源于此。雨季水涨，两岸植物速生，蕨类、苔藓等植物布满河道，颇具雨林风光。干季水落，露出沉积的卵石，可趟水过河，成为孩童们嬉戏的天堂。山水引入寨后则分成条条小沟，顺道路绕门前而过。这种门前流水最宽不过 3 米，常见的只有 0.5~1 米，深度也仅 1 米左右。平日里作生活用水，包括清洗衣物、冲刷院落，关键时刻可取水防火（图 9-6）。门前有水沟的人家，搭尺寸小巧的竹桥入户，独有小桥流水人家的味道。

图 9-5 出山水

9.3.3 稻间阡陌渠

水利灌溉是水稻生产的命脉，无论是分江水入田，或引山水灌溉，傣族在十五世纪的时候就出现了简单的水利工程，具有“建勐需要千条沟”的说法，早已把居住环境的建设和水利联系在了一起。在德宏地区由长老或村寨头人负责协商水源的分配，以德宏遮放为例，那远村有一条总沟，总沟之下又分户闷、户允、贺动、遮放和那远五条分水沟，各村设水利员一人。每年都要举行祭祀水沟神的仪式。

这样，傣家稻田之间，总能见到笔直的沟渠，具有明显的人工挖掘痕迹（图 9-7）。沟渠宽窄不一，多为 2~5 米宽、1.5 米深，纵横交错，与水田交相辉映，闪烁与稻海之间。沟渠两边为田埂，野生着多种匍匐的湿生植物，且多为食用植物，如薄荷、香菜、香辣柳、野芋头等，田间收工回家，随手抓上一把，就是一道美味的菜肴。

9.3.4 亭中一方水

傣寨地下水位高，采用挖井取饮用水的方式。于是，传统傣寨里水井是村寨重要的组成部分，也是人们主要的活动场所。水井大都选在环境清幽、水源丰沛、水质良好的地方，周围竹林婆娑、绿树成荫。水面高、水质清，聚于一方清池中。池不大，常见为 1 米宽、2 米长、1.5 米深的石砌方池。池上建有三墙一顶的屋，形似龛，用于保护水源不受污染。屋内一池清泉跃然眼前，清透可见爬满苔藓的池壁，石缝中长出的蕨叶倒影与水中，仿若天然山林中的乱石幽泉（图 9-8）。

清幽雅致的环境、清凉甘甜的井水，使水井成为傣寨一处沁人心脾、涤荡心灵的地方。每日早、中、晚三个做饭的时段，穿着筒裙的小仆少们纷纷来到井边取水，婀娜的身影倒映于方池之中，成为傣寨一景。

图 9-6 寨中引水

图 9-7 水渠

图 9-8 水井

盈江夕照

10 德宏傣寨设施景观

设施为满足功能需求而出现，包括满足人们实用和心理的需求。傣寨设施的运用、更新频率较高，造型相对简易，但倾注着傣族的文化与信仰，其造型和材质都极具地域色彩。可以说设施景观是最能体现傣寨特色与文化内涵的细节，是最具符号化的语言。在此，根据功能的不同，把傣寨设施分为交通设施、取水设施、行善设施、祈福设施。

10.1 交通设施

过山开路、遇水架桥，是人们与外界来往必不可少的联系。傣家有串寨的习俗，相互之间交往密切，江两岸的村寨以竹桥相接，同一岸边的则以江堤相连，桥与堤构成了傣寨独特的交通设施。

10.1.1 竹桥

傣乡是水之乡，江河纵横、沟渠遍野，桥也就成了傣寨最常见的交通联系设施，大大小小，横卧于水面。最具特色的是，傣家的桥多为竹桥，小则寸尺，大则横跨千米江面；简易者两杆并搭，仅通一人行；复杂者以竹竿捆绑为墩、竹片编制为面，可通机动车。竹桥造型丰富、独具地方特色，更是两岸寨民交往联系的主要方式。如大盈江上，无论江面宽窄，几乎每五公里就有一座竹桥横卧于江面之上，构成了大盈江上独特的人文景观。由于竹桥轻盈，雨季江水暴涨时易被冲垮，需每年重新修建。不过傣族搭建竹桥的技艺已相当纯熟，干旱季节，数日之间座座百米长桥又会重现于江面（图 10-1 ~ 图 10-3）。每逢赶集或节庆，傣家人着节日盛装，结队走过竹桥，互相到对面的集镇赶集、做摆。银光闪烁的江面映衬着婀娜的身姿，谈笑声中伴随着竹桥咯吱咯吱的摇晃，充满了美丽的生活气息。

图 10-1 竹桥（一）

图 10-2 竹桥（二）

图 10-3 竹桥（三）

10.1.2 江堤

江堤本不为交通而建，却起着交通的作用。桥架起了两岸村寨的交往，而江堤则串联了同一岸边的傣寨。沿江而居的傣寨，修建江堤是稳定其居所的重要保障。生产力水平低下时，江堤工事简单，仅用淤泥堆砌，两边打竹桩稳固，主要靠种植竹林，利用丛生的竹根起稳固防护的功效，久而久之形成宽阔的竹林带，林中堤上可行人。沃野千里、晃晃日晒，而江堤则如一条天然林道，提供了阴凉、通直、便捷的交通。行走其上，绿荫如盖，一面是良田美景，一面是旖旎江河，江风吹来好不凉快，江堤也就成为同一岸边相邻两寨之间重要的交通纽带，也是来往田间务工的人们喜欢选择的交通路线。如今随着政府水利工程的介入，江堤工程被加固加长，形成了一条宽可通车，长达几十公里的竹林长廊，成为傣乡一道亮丽的风景，也是体验傣乡的重要观景廊，与当下鼓励修建的绿道设施不谋而合。

10.2 取水设施

傣寨取水设施主要为水井，水井建筑是傣族文化的结晶，体现着傣族的水文化、万物有灵思想、南传佛教信仰与生态环境观。也使傣寨有了“竹林下，幽井旁，傣家女，取水忙”的，集自然、建筑、人文与一体的景观，成为傣寨最动人的记忆。

水井的选址、建造、使用也有一套完整的体系。傣族将纯净之水看作生命的象征，因此格外重视水井环境。常选择寨边远离民居的清幽林下，通常伴随有大青树和竹林。建造水井要举行隆重的仪式，从选址到建盖均由男性主持，女人不得参与。而有趣的是，水井建成后，多为女人到此舀水、谈笑嬉戏，俨然成了女性活动场所。为保护水源在水池上搭建小屋，为其遮风避雨。一池清泉就像一位神灵被供奉于龛内，受世代村民保护。同时也规定了一些使用管理措施，比如取水，只得使用井边放置的专用取水瓢。取水瓢为一节大竹筒，穿在 2~3 米长的竹柄上，长长的竹柄设计则是为避免取水人将脚底泥沙带入，而需远离水井取水。并且在取水面对的墙壁上，挂有镜片，时刻警醒世人注意自己言行，要爱护水源，保护水井。井帽上挂镜片、风铃，通过反射和声响，避免飞禽靠近水源。种种细节，都说明了傣族对水的崇拜和重视，水井建筑造型更是别出心裁，颇有意思。

水井建筑分为三个部分，水池、墙壁、顶盖，其建筑大小由水池面积决定。根据外形不同，德宏常见的傣族水井可分为三种形式：井屋、井龛、井塔。

10.2.1 井屋

井屋，体量大、造型简单，出现于汉化明显的傣勒村寨，顶盖造型也与住宅屋顶一致，形如房屋（图 10-4）。于林

图 10-4 井屋

下，下挖长宽高约 2 米 ×1.5 米 ×2 米的立方水池，池壁砌石，水面随干湿季节涨落，高水位时可接近池口。池上建 2 米高的土坯墙三面围合，置悬山瓦顶。两面山墙中架起一根竹竿，专为悬挂取水瓢。这类水井取水面大，便于搭建，十分实用，但造型无特殊之处，不能反映傣族水井艺术的较高成就（图 10–5）。

10.2.2 井龛

井龛，体量小，整体性强，墙壁和顶盖合为一体，形如龛。水池深而小，池口方形仅有0.8米 × 0.8米大小。三面石砌墙壁围合成了一个1.5米高的窄小空间，上置石砌顶盖如石帽。石帽造型优美，有重檐翘角，有宝葫芦压顶，与汉式四角攒尖顶相似，也是一种汉化的表现。这类型水井，通常让人产生神秘、敬畏之感，水池被围于狭小的石龛内，看不清水的深浅。而石壁上的图案雕刻与石帽重檐飞角的造型，都是对宗教的艺术表达，多了神性色彩。不知情的人估计会把它当作神龛，却不知里面别有洞天，藏有一眼清泉。这种将水井神化的手法，也是出于傣族原始宗教万物有灵的信仰，或许里面真的住着一位水神呢（图 10–6）。

10.2.3 井塔

井塔，则是南传佛教影响下的艺术表达。其形态与井龛相似，但略比其大。最大的不同在于顶盖的处理，顶盖被建成一座小佛塔，悬镜片、风铃，墙壁上彩绘各种佛教圣物圣花，甚至有灵兽雕塑把守井门（图 10–7）。整个建筑就是一件充满异教色彩的艺术品。

当然，这三种类型仅仅是傣族水井最常见的形式，有的村寨将水井外观建成植物或动物状，千姿百态、奇思妙想，完全把水井建成了一件件雕塑品，点缀着傣寨。这不得不让人佩服傣族的创造力和对生活的热爱。水井不仅传达了傣族对水的热爱，对自然的尊重，对佛教的依赖，更展现了傣族绘画、雕刻等艺术。可以说傣族的水井是最美丽的设施、最实用的景观。

图 10-5 取水瓢

图 10-6 井龛

图 10-7 井塔

10.3 行善设施

行善设施也即服务设施，傣族受佛教伦理规范，以行善积德为做人准则，因此傣寨常常出现一些充满人性关怀的设施，成为傣寨最温馨、亲切的景点。这些设施默默地为他人提供着方便，使用者为此感动，而布设者得到了内心的欣慰。

10.3.1 凉水罐及凉水亭

凉水罐和凉水亭是傣寨最人性化的景观。每当人们来到傣寨，会在寨口树下，看到一两个盛着凉水的土罐。土罐为傣家传统工艺品，用红色陶土制成，造型扁圆，有盖有底座，和塔神似。由于用土罐盛过的凉开水格外甘甜清凉，于是被傣家用作盛水器皿。将装有凉开水的土罐，或架在简易的竹叉上，或放在精编的竹龛里称凉水亭，旁边附有舀水竹瓢，这就是傣家人专为过往行人提供的解渴设施（图 10-8）。因为傣家人信佛，相信做善事能为自己减轻罪孽，所以就以这种形式，默默地为他人提供方便，方式虽然简单，却情深意长。凉水罐没有佛塔的多姿，没有佛寺的灿烂，不具视觉冲击力，也很不起眼，但却能温暖人心，给人留下最美好的回忆。记得儿时春游，走累之时，见到傣寨口的凉水灌便蜂拥而上，因为知道那里有备好的凉水等着我们。也正是这个温馨的细节，透露出傣寨的和谐安详。

图 10-8 凉水钵

图 10-9 树包石凳（一）

图 10-10 树包石凳（二）

10.3.2 树包石凳

休息的石凳通常和大青树结合在一起，成为人们休息乘凉的地方。傣寨石凳更准确来说只能称为石块。因为无任何加工，仅为天然块石，大小可供一到两人坐。这样的石头，要在湘黔苗寨里，没人会在乎。但是要知道，居住于江河冲积平原上的傣寨，泥沙丰富却少有石材，这样的石块被安放于树下，不当凳子又做什么呢？傣家人从远处搬来石块，置于寨口大青树下，不仅为疲惫的路人提供了休息的空间，也成为晚饭过后老人们说故事，年轻人谈恋爱的地方。简单的石块，倾注着傣家人的生活，融入了傣族的善良，凝聚了一处充满生活气息的空间。时间久了，石块被磨得光滑，而大青树繁杂的根系早已将石块包裹，成为独特的树包石凳景观，温馨而有趣（图 10-9、图 10-10）。

10.4 祈福设施

在生产力低下的时候，人们总把希望寄托于强大的自然和无法触及的虚幻。把强大的自然力拟人化，并可通过一些方式与其对话，祈求其庇佑。祈福设施就成了这一沟通的重要手段，其景观也尽显宗教色彩。

10.4.1 佛幡

佛幡，傣语称“焕布”，上座部佛教认为，佛幡是通往天国的阶梯，故，寨寨立幡。佛幡通常立于佛寺旁，数量不限，高约15米的龙竹竿，上悬幡布。幡布长约八九米，宽半米，以细竹框架绷平，以纱布为底上贴精美剪纸图案，或直接用毛线在竹框上编之。色彩绚烂者为献给佛的，而白色长幡则献给逝者。赕佛时将幡布挂于幡竿顶，以精致的塔状帽固定装饰。而过年所立之幡，幡顶还会装饰有竹扎纸糊的生肖动物，生动可爱。佛寺的建设与村寨经济相关，有的村寨经济条件不好，可暂不建佛寺，但佛幡却必须要有，并立在拟建佛寺的地方。佛幡因其高度高、数量多、色彩鲜，且同与佛寺位于寨尾，极易被寨外行人所见，成为识别傣寨的标志性景观（图10-11～图10-13）。

图10-11 佛幡（一）

图10-12 佛幡（二）

图10-13 佛幡（三）

图10-14 树下供台

10.4.2 神龛、供台

傣族对原始宗教的信仰，让傣家人相信万物皆有神灵，需要敬畏与保护。于是村寨中处处可见祭祀神灵的神龛、供台，通过祭祀得到神灵庇佑。最常见的是祭祀寨神、谷神、水神、树神的龛。龛，是相对坚固稳定的祭祀设施，用砖砌筑，有顶有墙，形似小屋，由全寨共同出资修建，满足合祭的需要。比如位于寨头林里的寨神神龛，位于水边的水神神龛。神台则相对简单，由各家自制。通常为竹制的桌台或篓子，形式多样，只要可放置供品即可。神台制作简易，广泛出现于村寨中，或立于水边，或放于树下。龛或台上放置供品后，会给人以敬畏、神秘之感，充分反映了傣族的神灵崇拜（图10-14）。

11 德宏傣寨特色解析

任何事物的出现都有着必然的因果联系，接下来将从自然环境、宗教文化两个方面解析傣寨景观的形成，而后归纳出德宏傣寨景观特色。

11.1 自然环境对傣寨景观的影响

在生产力低的情况下，自然环境是影响聚落最大的因素，人们对环境表现出妥协、退让，尽可能地去适应自然的变化，因此传统聚落也总能反映出地域环境特征。自然通过地理气候、地貌地质、地方材料等因素，影响聚落的环境特征、空间布局、建筑外形，以及聚落的虚实关系、色彩、质感等，傣寨也不例外。归纳起来，傣寨自然环境有三大特征：利稻作、地广人稀、植物丰富，这三个特征分别在傣寨聚落上表现为，外环境的山、水、田三大地景、聚落空间的低容积率和聚落的植物态。

11.1.1 利稻作与三大地景

德宏坝区因利稻作而被傣族选址建寨，山峦如黛、河流纵横、良田宽阔，竹林包围下的傣寨如同点点绿岛，浮现于稻海之中。傣乡是水乡亦是稻乡，“稻海时浮翠，白鹭齐飞翔。一待稻色变，十里稻花香”这就是傣寨的外环境。正是这般如画风景、富庶生活，养育了勤劳、温婉的傣族，奠定了和谐傣寨、生态傣寨的前提（图 11–1）。

11.1.2 地广人稀与低容积率

傣族聚居地虽然物产丰富，土地肥沃，但是由于地处边疆，交通不便，经济发展较缓慢，人均占地面积广阔。而居住于平坝的傣族，村寨布局少受环境限制，每家每户都拥有大面积的宅基地，少则 1 亩，多则 3、4 亩，或前庭后院，或内庭外院，都拥有着宽阔的私人空间。而较低的容积率为傣寨高绿地率提供了可能。

11.1.3 “植物王国”与聚落植物态

据德宏州高等植物调查结果显示，德宏州生长着 6033 种高等植物，占全国高等植物种类的 22.3%，占云南省的 33.5%。其中有国家保护植物 97 种、省级保护植物 60 种，原生植物 5497 种，名列全省前茅。而许多印缅区系的植物如阿萨姆娑罗双、缅无忧花、少苞买麻藤、尖叶铁青树等在我国只分布于德宏。

图 11-1 三大地景

图 11-2 绿化覆盖率高

德宏是我国乃至世界生物多样性的重要地区之一，民间有“插根筷子也能活”的谚语，来形容德宏的种植优势。

得天独厚的自然环境下，傣族利用植物创造了优美的园林式居住空间。用较高的绿化覆盖率，降低了温度、阻挡了风沙、美化了环境，营造了舒适的居住环境（图 11–2）。丰富的植物景观不仅占据了傣寨大部分的空间，还以用材的形式出现在傣寨的每一个角落，从建筑、设施到家具、农具、器皿等。几乎傣寨里的每一个点、线、面都有植物的影子，都是植物的不同状态。这使得傣寨给人以温和柔软的质感、生态绿色的心情。

11.2 宗教对村寨景观的影响

11.2.1 原始宗教与神性的村寨

原始宗教反映着傣族最原初的思想，是对环境最简单的反应，主要表现在神灵崇拜。傣族的聚居和原始宗教同期而生，相互依存，使得傣寨表现出神性的特征。

一、人格化的布局

原始宗教对村寨空间布局起到关键作用，一方面，原始宗教中的集体思想，要求村寨空间呈现出内向、封闭的形态，这有利于民族内聚力的形成，符合以血缘关系建立起来的氏族公社制度。而另一方面，原始宗教的万物有灵思想，让傣族相信，即使是人为的聚落也是具有神性的。而聚落也只有像人一样，成为独立的个体，有着头、心、尾的完整配合，才具有生命力。于是，聚落的布局形成了一套完整有序的空间划分，有明确的边界，民居的布置也严格控制在寨头、寨心、寨尾所限定的区域内，如果超出了这个限定，将是对神灵的不敬。这样，原始宗教“视寨为神，建寨拟人”的思想，就成了傣族构建聚落的理念，使傣寨聚落无论规模大小、地形差异，都具有了相似的空间布局，体现出了人格化的特点（图 11–3）。

图 11-3 路边的寨心

二、神秘的设施

祭祀，是原始宗教行为，通过对神灵的敬拜，以求保佑世人平安幸福。在傣寨，万物皆有神灵，万物都可祭拜。于是村寨处处可见放置着供品、鲜花的小设施，或为简易的小屋，或为竹编的神台，或仅将供品放在芭蕉叶或瓦片上。而放置的位置，多在水边、路边、树下。最常见的是几乎每棵大青树下都围绕着竹签，并缠绕着五色的棉线。这些景观虽无视觉冲击力，却从心理上给人神秘、敬畏的感觉，充分体现了傣族对原始宗教的崇拜。

11.2.2 佛教与园林式的村寨

佛教对傣族最大的影响就是规范其道德伦理，教其知善恶、行善行，如同文化教育一般，在傣家得到普及。形成了赕佛、行善的日常行为和爱美的民族心理，并深刻影响着傣寨景观的形成。主要表现在花园、佛教建筑、佛寺园林的出现。

图 11-4 佛寺壁画中的自然背景

一、花园般的环境

一方面，佛教起源于印度，那里植被丰富、花木繁多，许多佛经故事中常常描绘出一种绿树环绕、花繁似锦、洁净清爽的佛国世界。佛寺壁画也常以花鸟为背景，展现人物和谐的画面（图 11-4）。这些场景就很容易成为信佛之人虔心追求的美好人居模式，成为世俗家园模仿效建的对象。

其二，佛教中将佛祖描绘成为一位尊重万物、热爱自然的圣人，他放弃了富丽的皇宫，天天与花草动物为武。人们为得到佛祖的庇佑，积极迎合他的喜好，不仅以鲜花赕佛，更有意识的美化自己的家园，以表达对佛祖的虔诚。这就是佛教利用佛祖在人们心中的神圣地位，来引导人们的言行。把创造绿色、洁净、和谐的人居环境作为道德评价标准，倘若不遵循，则是对自己道德、能力的否定，为其他人所不耻，还会受到佛祖的惩罚。于是，在对佛祖的崇拜之下，傣族积极的绿化美化自己的家园，创造了园林式的居住空间。

二、公共活动场所

中原地区信仰的大众部佛教认为，现世不过是幻影，只有世外的佛国净土才是真实的存在，所以中原佛寺多修建于远离人居的山林里。而傣族信仰的上座部佛教则认为佛教最高的境界就是面对现实，在现世中顿悟，就像佛祖释迦牟尼一样，他不是神，只是顿悟了的圣人。因此，傣家佛寺立于寨中，深入生活，希望通过对人们的教导，帮助人们在生活修行，通过修身养性，更乐观的生活，从而达到摆脱生活的苦恼。于是佛寺成了人们听经、学习的地方。每逢佛节，全寨人到此欢庆同乐，成为村寨的精神中心。

佛教传入前，凝聚傣族的公共活动主要是合祭寨神，但是由于祭祀禁忌众多，寨头林并没有实现全民参与。直到佛寺的出现，佛寺成了室内公共空间，寺外的广场，则成为村寨的公共活动中心，满足了大众同乐的需求。可以说佛寺园林的出现完善了村寨的功能体系，弥补了原始宗教祭祀空间因禁忌太多而不能大众同乐的限制。而在德宏，佛寺位于寨尾，其样式具浓郁的佛教色彩，而成为地标性建筑，弥补了原始宗教下，寨尾无明显标志的遗憾，强化了整个村寨布局体系，使寨头、寨心、寨尾的控制序列更加完善（图 11–5）。

图 11-5 佛寺园林

三、异域符号的植入

南传上座部佛教的传入，不仅带来了新的思想观念，也带来了异国的建造样式和技法，一系列的佛教符号，包括建筑、法器、圣物、文字等，代表着佛和法的尊严出现在华夏大地。虽然传入初期遭受了中原文化的冲击，景观呈现文化融合的迹象，建筑造型也有明显的嫁接痕迹，但始终掩饰不了傣寨景观透露出异国情调，这使得傣寨在华夏大地上独树一帜。

德宏傣寨佛寺受汉式营造法式影响颇多，甚至趋于道观的样式，但细节处还是极显异域符号，比如，火焰、孔雀等纹饰、屋脊置塔刹（图 11–6）。佛塔的结构和造型则完全继承了缅式覆钟形笋塔的外形，高耸渐尖的佛塔，具有向上升腾的气势，突破汉式建筑水平稳定的感觉，以绝世弃尘的姿态、直通云霄。水井建筑的塔状顶盖，也尽显异域风情。南传佛教的文化符号都有一个共同点，那就是中心具有动态向上的趋势，且多为叠置弧形上升，具有至高无上的寓意。其装饰喜以花草动物为题，也多为弧线形。

图 11-6 屋脊置塔刹

宗教信仰对傣家生活影响重大，原始宗教另其团结互助、守望相帮，而佛教则规范其言行举止、道德伦理，教其明是非，懂善恶。这在一定程度上促进了傣族社会的发展，更创造了和谐的傣寨文化。可以说，原始宗教赋予了傣寨基本骨架和生命，而佛教则赋予其血肉与衣着，共同创造了一个美丽生动、生命无限的居住空间。

11.3 德宏傣族村寨美学特征

11.3.1 外表美

外表美学特征是人们认识事物最直观的信息。将傣寨拆解成点、线、面，可以看到它的线条特征、色彩特征和质感特征。

一、柔和的线条

当人们走进傣乡，首先吸引你的是那蜿蜒平和的江水、凤尾摇曳的竹林、轻柔的稻谷；进入傣寨后，目光将会停留在那弧线叠加的佛塔、随风飘动的佛幡和飞檐翘角的佛寺；而当你进入傣家，卜少那婀娜的身姿、修饰着花草的服饰、流水般婉转的声音，以及那弯曲回绕的文字，无一不在用一种曲柔的线性传达着傣寨的柔情与温和。江水、竹林等柔性的地域特征，影响了傣族对曲绕、柔和、动态线性的喜爱，并将这种喜爱，转嫁到人文景观的塑造中，无论从文字到服饰，从佛幡到佛塔，都形成了柔和、优美的视觉效果。而对于水性的临摹，更造就了傣族温柔、礼让的民族性格，这从本质上形成了傣族对柔和、婉转、和谐事物的审美追求（图 11–7）。

图 11–7 柔美的竹梢

二、清新的色彩

傣寨视域范围内最大的色块就是绿色，和流水、白沙的明快色调。而民居建筑，也多为白色、土黄色的土坯房或竹楼。由于建筑材质取于自然，所以，无论何种建筑形式，都使得傣族村寨与周围自然色调一致，形成了村寨以绿色系、明快调为主的生态色彩，这样的居住色彩也适宜当地炎热的气候，并符合佛教清心向善、戒暴戒躁的信念。但是，傣寨除了有清爽的冷色系居住环境外，还有庄重绚丽的暖色系宗教空间，成为村寨亮点。傣寨佛寺、佛幡以及僧侣服饰，则以黄色、红色、黑色为主，相对民居建筑的淡雅清秀，色彩更为丰富，给人以庄重、沉稳、神秘的氛围。根据经济势力，各寨还尽可能将佛寺做得金碧辉煌，突出了佛寺在村寨中的神圣地位。因此，佛寺成为村寨的点睛之笔，于清爽的民居建筑、浓绿的自然风光中凸显出来，组合成了一副凉爽清新而又不失温暖热情的画面。

三、细腻的质感

傣族于冲积平原上建寨，地质多泥沙而少石块，显示出软性特征，这使得傣族建材均显软、细的质感。而围绕傣寨的竹、江、稻又都给人轻盈、细腻的感觉，这让傣族产生了对细腻质感的审美追求。傣族建筑主材为塘泥和竹，塘泥从水田中获得，是具有黏着性的泥块，遇水即溶，细腻柔软，将其和牛粪配比后，利用牛粪中的纤维提高它的韧性，就可刷于墙面或地面。傣勒民居虽多为土坯房，粗糙的土坯经塘泥粉刷后，给人以细腻洁净的感觉。而傣德人家的竹楼，都采用精工编制的竹墙，纹路精细、花样丰富，还有精巧的竹制推拉窗、轻盈的美人靠等，都使整个竹楼外观轻巧细致。傣寨里的人工痕迹均显示出精致、细腻的外观，展现了傣族勤劳、耐心、细腻的民族性格。

11.3.2 内在美

一、生态的审美

审美是人类掌握世界的一种特殊形式，指人与世界（社会和自然）形成一种无功利的、形象的和情感的关系状态。从一个民族的审美观，我们可以看出该民族居住环境的状态，和对何种居住环境的追求。通过以上对傣族传统村寨的研究，发现，生态性既是傣族村寨最直观的特性，也是傣寨最深刻的内涵。

傣族在与自然长期相处的过程中，深刻意识到了环境保护的重要性，在经历了破坏自然受到自然惩罚的教训后，傣族首领“允门”告诫子孙，凡定居，必保护周边山林，这样才能“粮满仓、畜满圈”。傣族也逐渐意识到了“有林才有水、有水才有田、有田才有粮、有粮才有人”自然规律，将人的存在放在“林、水、田、粮”之后，构成了傣族的生态环境思想，并在该思想的影响下，他们积极的保护山林、水源，禁止一切乱砍滥伐行为，并深刻认识到，只有有了良好的自然环境，人才能生存。

傣族传统坟林也同样表现出了傣族生态审美的倾向。他们认为，人是自然的一部分，逝世后就要归于自然中，坟冢不必高大、亦无须碑铭，上面要长满青草，牛马可来食，因为生前牛马服务于人，人死后就应该还恩于它们。所以，傣家坟林更像一片草场，微微凸起的坟冢上，牛马在随意的吃草，多少年后土堆被踏平，而人也就回到了自然中。傣族将整个人的出生和死亡都和自然密切联系起来，认为人的一生都是自然给的，人是自然的一部分，人们从自然中得到恩惠，就要存有感恩之心对待自然。这种妥协、朴实的自然观，虽然与傣族生产力不高相关，却极其符合自然规律，是对自然最朴实的认识。

傣族不仅积极的保护着天然的山林、水源，还积极的创造着第二自然。傣族一方面需要借助植物的屏障作用，保证聚落的安全感和凝聚力。而另一方面，傣族对自然的喜爱，和佛教对优质环境的倡导，使傣家人有意识地将山林、水流引入寨子，以植物为篱，家家种树、户户养花，创造了优美的第二自然，一个园林化的、生态化的居住空间。傣寨外，青山环翠、绿水淙淙，傣寨内，花繁似锦、绿树成荫。展现了一幅“房前屋后绿，满园花果香。林中栖白鹭，江鱼跃斜阳”的生态傣寨景象。

二、和谐的人居氛围

优越的自然环境养育了知足感恩的傣家人，使其具有了和善、谦卑、温顺的性格。而南传上座部佛教中至高无上的“涅槃”，不是让人寄希望于缥缈的来世，而是接受现实，在现世中实现自我顿悟升华。这也使得傣家人热爱生活、热爱自然，积极的过好现世的每一天。这和德国存在主义哲学家海德格尔提出的"诗意的栖居"不谋而合，傣寨真正回归到了与自然万物和谐共处的自由、本真、质朴的诗意生存状态。同时，佛教的道德规范，也起到戒律督促

图 11-8 人景和谐

的作用，让人明善恶、懂是非，知感恩。于是，傣寨呈现出一片祥和气象，同寨人之间互助互爱、亲如一家；对客人热情友好、知礼大方；对动物、植物，永远怀有感恩之心，深刻认为“天为父，地为母，动物如兄弟，植物如朋友。”傣族将对自然和生活的热爱，落实在对村寨的营造建设中，创造了和美安宁、生机勃勃的傣寨。处处充满美的景致，时时体现人性的关怀，整个居住空间备感和谐亲切（图 11–8）。

下篇：　传承

优秀的传统文化需要传承，传承的精髓在于保护和发展。

德宏傣族传统村落，是傣族传统文化的载体，是傣族人民长期与自然相处的结果，反映着傣族对待自然的态度，展现了傣族利用自然创造美好生活的智慧与方法。传统村落中积淀下来的村落选址观念、村落风貌与空间布局、传统建筑的功能与样式、村落绿化格局与植物利用、传统设施的功能与形态等内容，为当代傣族村落建设发展提供了重要参考，是当代傣寨建设的依据。

上篇中通过对德宏传统傣寨的全面调查，从宏观、中观、微观方面分析了德宏傣族传统村寨的景观风貌及文化内涵，并从自然生态、人文生态方面归纳了德宏傣寨的特色。为下篇提出科学合理的保护与发展对策奠定基础。

下篇将从生态环境与资源的保护与发展、传统格局的保护与发展、传统风貌的保护与发展、传统建筑的保护与发展、历史环境要素的保护与发展、特色产业的发展与创新等五个方面，对当代傣族村落建设献策献计。

1 保护与发展原则

1.1 整体保护原则

傣族传统村落是一个整体，是最基本的居住单元，是以居住为主要功能、以家族为纽带的聚落空间，村落中的民居、佛寺、巷道、植物、文化、人等都是村落构成不可缺少的要素，对它的保护需从大到小，由外及里。因此，傣族传统村落的保护首先应保护它的整体环境以及构成环境的每一个要素，其次保护该环境的真实用途及其背后的文化内涵，最后，保护傣族与环境的互动关系。忌单一保护、空壳保护。

1.2 活态传承原则

傣族传统村落是以居住为主要功能的空间，积淀着丰富的传统傣族文化。因此村落的保护不是迁出村民实施静态保护，而是以村落为实体环境、以傣族生活为气韵的活态保护。在保护传统空间的同时，保证村民正常生活秩序，提高居住质量，为非物质文化遗产传承营造真实氛围。

1.3 傣族主体原则

傣族传统村落是傣族几代人生活印记的沉淀，融入了祖祖辈辈的生活智慧。是历史的馈赠，是祖上的遗产。所以，村落的使用主体是傣族村民，未来的发展也必须依靠傣族村民。因此，傣族传统村落的保护需要傣族村民的积极参与，充分尊重傣族村民意愿，激发傣族村民的文化自觉性，为自身生活谋福利。最终，需要傣族村民以主人翁的地位参与村落的保护与管理。

1.4 发展目的原则

保护傣族传统村落，目的就是让傣族村民的生产生活得到更好的发展。因此，保护是措施，发展才是最终目的。因此，改善傣族传统村落居住环境、改善基础设施条件、改善传统建筑居住质量，传承优秀的传统文化，增强傣族自信心与自豪感，是传统村落传承中最现实的问题。不能只强调保护而忽视傣族村民的现代化生活需求。

1.5 产业支撑原则

产业是一个实体（包括城市、农村、企业）生存的粮食，没有产业的发展就不可能有村落的延续与发展，也不可能实现传统村落的保护。因此，需要按照每个传统村落的自身特色，规划产业发展类型与规模，制定发展目标，用产业带动传统村落的保护与发展，实现傣族村民物质生活与精神生活的双丰收。

2 整体风貌控制

村落风貌是村落有型物质与村落文化互为因果、动态发展的产物，决定了村落的自身价值。村落风貌控制是村落长远发展的坐标，是尊重村落原生意向，符合村落与自然和谐发展规律，避免村落无序扩张的重要方法。村落风貌的控制一方面来源于对传统风貌的认知，一方面在于对村落发展的管控。从人对村落风貌意向感知的途径来分，村落风貌可通过形态、色彩、质感进行控制。

2.1 形态控制

传统村落的形态肌理，看似无序，其实隐藏着内在的秩序，这是一种“天人合一”的秩序，是村落历史发展的痕迹。也是新建村落无法企及的美。为避免傣族村落的无序蔓延与空间扩张，需要对傣族村落肌理形态进行控制。村落形态控制主要从三个层面：格局形态控制、空间形态控制、景观要素形态控制。

2.1.1 格局形态控制

德宏傣寨格局形态控制，主要是规范傣族村落人格化的整体空间布局。保持德宏傣寨人格化的布局理念，设立寨头、寨心、寨尾，并三点连成一线控制村落的走向和范围。寨头位于村落相对高的位置，与民宅保持一定距离，做隐蔽处理。寨心位于寨子中部，与村落内部交通相连，形成村落中的公共活动空间。寨尾位于村落相对较低位，与村落对外交通相连，可设置佛寺。

2.1.2 空间形态控制

德宏傣寨空间形态控制，主要是规范傣族村落边界空间、公共空间、巷道空间、宅院空间等各个组成空间的空间尺度与造型。

一、需具有明确的村落边界，并保持用竹林环绕边界，形成竹林寨墙。民宅高度不超过竹梢，保持傣寨边界天际线轮廓为柔美的竹梢。

二、保留传统寨心、佛寺、出入口、榕树群、公房等公共活动空间。本着集约发展的原则，合理合并公共活动空间，控制好村落广场硬地比例。合理设置休闲、交谈、娱乐、运动等功能设施。

三、合理设施满足休闲、交谈、娱乐、舞蹈等功能的设施。保持原有傣寨巷道走向和布局，主道路宽度不低于 4 米，满足通车和消防的需求。建筑外墙退让道路边界至少 1.5 米，保持巷道空间的开敞感。道路两侧增加绿化带。

四、要有明确的宅院边界隔断物，可设墙，高度低于2.5米；可为篱笆，配合垂直绿化；可为绿篱。房屋建筑位于宅院中，建筑立面与边界隔断物保持至少1.5米的间距。相邻两户可共用边界隔断物，但不可建筑与建筑相连，需保持院落和建筑的通风和采光。

2.1.3 景观要素形态的控制

德宏傣寨景观要素形态控制，主要是规范村落地形、水体、建筑、植物、设施小品的尺度与造型。

一、尊重村落原有地形，不随意开挖填埋土方。村落建筑和道路的布局需顺应地形肌理，不得随意推平曲直。

二、保持水源环境的生态安全，对历史水系进行清淤疏导，保留传统的水利用方式和水景观。合理规划水系，处理好生活用水、灌溉用水、景观水的共性与差异。结合雨污分流，改善水环境。

三、对村落内的民居建筑、公共建筑、宗教建筑进行形态控制。民居建筑高度不得超过三层12米。佛寺建筑高度控制在12~20米。行政办公、图书室、文化室等公共建筑高度不得超过三层12米。

四、村落边界范围内绿地率达到45%，绿化覆盖率65%，常绿乔木占总乔木数量的80%。植物的种植遵循适地适树原则，鼓励种植民族特色树种，保持传统的傣族植物利用方式。

五、设施小品的设置和创新一定要具有德宏傣族特色，并兼具实用性。避免城市化、商品化、泛滥化。

2.2 色彩控制

从大量收集的德宏传统傣寨实景照片中进行色彩提取分析，确定德宏传统傣寨主色调为绿色（植物）、浅土黄色（地面、塘泥墙面、竹编墙面）；辅色调为白色（石灰墙面）、黑灰色（瓦面）；点缀色调为金色、泥红色、黑色，点缀色多为宗教建筑、小品设施。依据传统傣寨的色彩特征，确定德宏新建、改建傣寨色彩控制为（图2-1）：

一、加强植物绿化，保持傣寨绿色的主色调。

二、对照中国建筑标准色卡，确定民居建筑外墙主色调8.1Y8.5/2，屋顶主色调8.1PB3/3.2，院墙主色调8.1Y9/1.2，道路路面主色调7.5Y7.5/2。

三、傣寨装饰及小品主色调为：8.1Y8.5/8，1.9Y6.5/7.2，10R4.1/6.5。

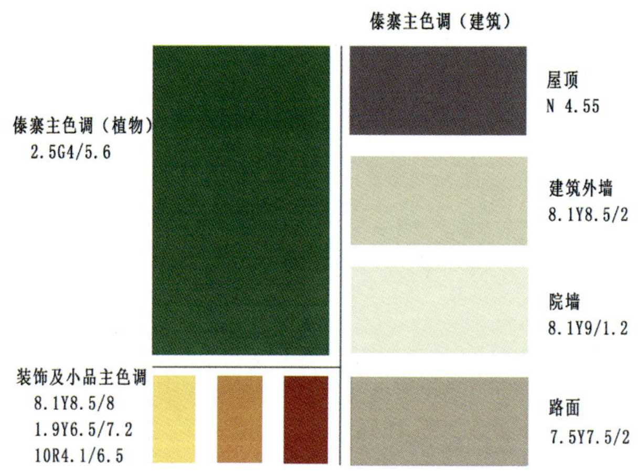

图2-1 傣寨色彩控制

2.3 材料质感控制

通过分析传统德宏傣寨材料质感，得出德宏傣寨材料质感表现为细腻、柔软的特征。其原因为：建筑用材为暖性材料，多用竹、木、泥，且制作精致细腻；道路无硬质铺装，为素土路面；植物丰富，显示软景特征；石材运用量少。因此，对于德宏傣寨材料质感的控制，主要是：

一、建筑外观材质选择以暖性、细腻质感为主，如木、竹、涂料、泥瓦等。少用石材、瓷砖等冰冷坚硬的材质（图 2-2）。

二、道路铺装材料可用透水沥青、洗米石、陶土砖、砂岩石板等，脚感柔软的材料。忌大量使用石板铺装，尤其是火山石。因石材并非德宏傣寨乡土材料，不具有地方特色，且增加运输成本。

三、空间隔断多用植物进行隔离，少砌墙。

四、装饰性构件或景观小品要做工精美细致，忌粗糙笨重。

五、材质的选择要能反应傣族柔美、温和的民族性格。

图 2-2 塘泥色外墙

3 生态环境的保护与发展

3.1 维护傣族聚居地生态安全格局

随着村镇建设用地的扩张，区域交通系统的发展，人工痕迹在快速割裂原有的大片生态空间。导致区域生态景观破碎化，影响到了区域生态的稳定性。傣族村落的保护与发展必须基于整个傣族聚居区的生态安全，这是一切发展的前提。具体需要保护传统的生态格局，保护传统的肌理斑块。

3.1.1 保护山 + 水 + 田 + 村的生态格局

生态安全格局的构建必须建立在原有自然本底及其结构的基础上。德宏傣族聚居区因位于横断山南延部分，自然山水骨架呈带状特征，傣族村落便沿江分布于狭长的坝中，具有“两山夹一水，一水分坝中，坝长田平整，村村散田中”的山 + 水 + 田 + 村的自然本底。这种自然本底既不同于德宏其他民族聚居区的自然本底，也不同于其他傣族聚居区的自然本底，是识别德宏傣寨的重要特征。

维护德宏傣寨的生态安全格局，就是要保护德宏傣寨的原有自然本底，保护在这个自然本底中的山林、农田、江河、村落，并保护其带状分布的肌理，严格控制村落的无序扩张，保持村落与村落之间的相互隔离。

3.1.2 保护山林、农田斑块

傣族朴实的生态观认为“有林才有水，有水才有田，有田才有粮，有粮才有人”，因此，傣寨周边的山林在过去得到了很好的保护，也留下了丰富的民族植物资源。但随着保护意识的淡化，人工林的发展，原有自然植被受到破坏。因此，需要科学划定合理的保护范围，并作为种质基因库进行保护；弘扬传统的生态观，鼓励传统的保护行为。

农田是粮食安全的基础，是傣族生存发展的物质保障。保护农田即是傣族经济发展的基础，也是傣寨生态景观完整的前提。保护农田不仅要保护农田的数量，还要保护农田的质量，严格控制农药的使用。在倡导新型农业种植的同时，也要关注传统种植的优势，打好生态牌，创新民族品牌，方为可持续发展之计。

3.1.3 保护江河廊道

傣族历史上沿江迁徙，依江建寨，江河是傣族生产生活之根本，是农田灌溉、生产发展的基础。为保护江河，需严格划定保护蓝线，制定保护法规，加强江河管理。禁止违法填堵、开挖、抽沙取石；禁止对河道截弯取直、硬化驳岸；严格把控水电站的修建；严禁将未达标处理的污水直接排放入河，合理进行河道清淤，避免河床抬高，引发水患。

为避免水患，稳固江堤，傣族历史上沿江种植林木，形成护堤林带。护堤林与江水共同构建形成生态廊道，对区域生态网络的联通具有重要作用，既为生物的迁徙提供了通道，也为村落与村落之间的交往提供了通道，是近年最提倡建设的生态基础设施。护堤林不仅需要保护，更需要完善加强，可将其建设成为集生态、观光、慢行系统于一体的绿道系统。

3.2 保护村落传统绿地结构，增建绿线形成绿网

在长期的生产生活实践中，傣族积累了丰富的植物知识和应用经验，充分将植物的生态性、建造性、美观性、实用性等特点，应用到村落的营建中。通过将植物合理地进行配植，使植物在调节小气候，营造空间，绿化美化等方面发挥了重要作用。这和其他民族村寨修建于林中不同，傣族村寨的绿色环境，是人为的，反映着傣族热爱生活、热爱自然的性格观念。保护傣寨人工绿地的分布格局和功能形态，方可确保傣寨居住环境的生态性、舒适性和美观性。

3.2.1 保护“一环一片多园”的传统绿地结构

受自然气候和宗教文化的影响，德宏傣族善用植物来解决居住环境中的诸多问题，因此在傣寨中分布有大量的人工植物群落，形成“一环一片多园”的结构特征。“一环”指的是村寨边界提供防护隔离、防风防沙功能的环状竹林带，“一片”是指位于村寨出入口附近，提供休息纳凉功能的榕树群，“多园”指村寨内每家每户的庭院绿化。这些绿地保障了傣寨居住环境的舒适度，在村寨改扩建或新建项目中，我们必须延续这种绿地结构，充分发挥绿地功能，达到提升居住环境质量的目的。

3.2.2 加强边界环状竹林带的保护和建设

传统傣寨边界的环状竹林带，具有以下功能：一、防御。因大部分傣族村落位于坝心，四周空旷无遮挡，需人为建立边界屏障设施，保护村落的安全性。因此，在村落外围种植竹林，作用上类似于砌城墙，却比城墙多了生态性。二、防风沙。傣寨位于江边，多风沙，为避免村落暴露于风沙之中，需对村落进行围挡。而竹子因为丛生，枝叶密集且高，对风沙的阻拦效果最佳，且能保证村落的通风透气，适应德宏炎热的气候。三、增强村落的凝聚力。竹林对村落的围合，使傣族村落具有了内聚性，向心性。这有利于增强村民的凝聚力、归属感和安全感。四、生态美。以竹林为界，藏村落于竹林中，使村落与周边自然完美融合，形成“有村不见村”的生态美景，是德宏傣族村落重要的识别特征。

但随着村落的扩张，不少建筑建出竹林外，竹林对村落的围合作用减弱。加之落下的竹叶会在瓦缝中沉积，导致屋顶维修频繁。因此村落边界的竹林

一度被砍伐，失去了原有的功能和景观效果。这也是如今傣族坝子比过去看上去凌乱的重要原因。

因此，建议对傣寨边界的竹林加强保护，有则保护，无则恢复，把村落再次藏于竹林中，还德宏“竹林深处有傣家”的生态美景。这种“藏”的手法，还可推广运用到其他民族村落的建设中，让人工景观与自然景观和谐发展。

3.2.3 保护榕树群

上篇已提到，出于行善积德的目的，傣族自发的在村口路边种植高大乔木，为行人提供休息纳凉的空间。因种植树种多为高山榕，久而久之便形成了一片榕树群。树下宽阔的空间又为傣族提供了载歌载舞的场地，成为傣寨重要的公共活动空间，因此，需要保护保留。而榕树在傣家视为神树，不会随意砍伐、攀爬，因此并不难保护。但要注意保护的方式方法，避免破坏性保护。

一、禁止对榕树下地面进行硬化，影响土壤的透水透气性，和榕树气生根的落地生长。

二、禁止祭祀时在树洞中摆放贡品，导致树洞腐烂加快。

三、鼓励傣族祭祀树神的行为，倡导尊重自然，敬畏自然，实现保护的主动性和自发性。

3.2.4 鼓励庭院绿化

德宏傣族善于利用植物食用、观赏、药用、芳香、防护、遮阴的功能，对住宅进行美化、遮阴，体现了傣族对植物的认识和应用。这种将居住环境园林化的行为，本身就符合当代美丽乡村建设的目标，不仅需要传承，更要鼓励和弘扬。尤其一些具有实用价值的植物，还可推广应用到德宏城市绿化和产业发展中。

3.2.5 增加道路绿化

德宏傣族传统村落村域范围内，植物水平分布成 5 形 3 层的格局，寨外（山林绿块 + 农田绿块 + 护堤绿带）—— 寨边（防护绿环 + 高山榕绿块）—— 寨内（绿点 + 绿线）。传统的绿地格局已具备丰富的绿地形态和多层次的空间结构，但各绿地还相对孤立，缺乏联系。为加强绿地之间的联系，提高生态系统的稳定性。建议在村落生态建设过程中，增加行道树，加强道路绿化，形成网形绿地，充分发挥绿地系统的规模效益，同时也增加村落行走空间的舒适性（图 3–1）。

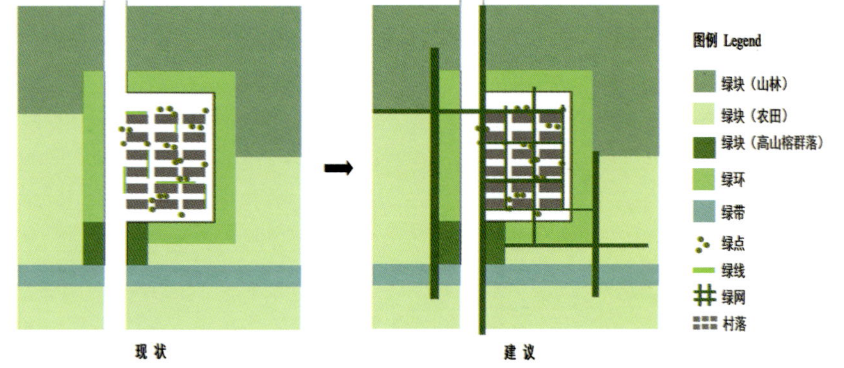

图 3–1 完善绿地结构

3.3 植物资源的保护与利用

3.3.1 保护傣寨植物资源

德宏在植物区划上属于古热带植物区马来亚森林植物亚区滇缅泰地区，是植被地理和生物地理上十分重要的，生物学多样性保护的关键和热点地区。而傣族聚居的河谷地带，属于典型的南亚热带季风气候类型，植被以雨林、季雨林、常绿阔叶林为主。

对傣寨边界及内部空间常见植物进行调查，得出德宏傣寨常见植物共计 181 种。其中，从植物科属情况看，禾本科竹亚科植物种类最多，具 7 个种。乔木科数最多的为桑科（6 种）、漆树科（6 种），灌木科数最多的为大戟科（5 种）、茄科（5 种），草本科数最多的为天南星科（6 种）、姜科（5 种）、茄科（5 种）、龙舌兰科（5 种），藤本科数最多的为豆科（5 种）、天南星科（5 种）。我们需要对这些植物资源进行保护，尤其是野生种的保护，建立傣族植物种质资源基因库，推动我国民族植物学的研究发展。

3.3.2 变植物资源优势为产业优势

德宏傣族传统村落中的常见植物具有很高的实用性。有常见食用植物 73 种，其中食叶 24 种，食花 7 种，食果 35 种，食根 7 种；常见药用植物 60 种；常见观赏植物 45 种，其中观叶植物 14 种，观花植物 20 种，观果植物 7 种，观形植物 4 种；常见防护隔离的植物 29 种；常见芳香植物 18 种，其中用于香薰的 9 种，用于调味的 9 种。但目前傣族对这些植物的利用还停留在传统的方式，没有将植物的资源优势转变为产业优势。这就需要政府的大力支持，整合资源、引进技术、科学规划，打造傣花、傣果、傣药等品牌，推动傣寨的经济发展。

4 传统格局的保护与发展

4.1 保护傣寨人格化布局特色

在万物有灵的思想影响下，傣族村寨呈现出人格化的特征，具有寨头、寨心、寨尾，并分别代表了村寨的三个方位，对村寨的空间发展具有重要的控制意义。这种人格化的布局理念，一方面反映了傣族传统的原始宗教信仰，另一方面规范了村落空间布局的秩序，对村寨的空间扩张具有约束作用，使传统的傣寨显示出极强的秩序性。体现了傣族对村落发展规划的智慧。因此，需要保护傣寨人格化的布局特色，并将这种传统的布局思想应用到当代傣寨的建设。

具体需要保护寨头、寨心、寨尾对村寨的控制力：

一、保持寨头位于村落最高位，与民宅保持一定距离，民宅建设不可超过寨头；

二、保持寨心位于村落中心位，并结合休息广场，成为村落公共空间；

三、保持寨尾位于村落最低位，新建民宅向寨尾扩展，但不超过寨尾；

四、保持寨头、寨心、寨尾三点连成一线，形成村落建设发展的控制线。

4.2 保护寨头、寨心、寨尾

傣寨的寨头、寨心、寨尾作为村落的特殊节点，代表了村落的三个重要方位，有着具体的标志物。寨头是祭祀寨神的空间，有寨神神龛。寨心寓意村落的心脏，有“寨心不烂、寨子不散”的寓意，因此修建着“接递”台，祈求上天保佑。寨尾通常有佛寺、佛幡，并与通往寨外的道路相接。保护寨头、寨心、寨尾，其实就是要保护这些标志物，并围绕标志物形成具有特殊意义的空间。

一、围绕寨头神龛形成寨头林，将寨头隐藏于林中，营造寨头的神秘感和神圣感；

二、保护修缮祭祀设施，包括祭台、神龛、供台等，满足寨头祭祀寨神的功能。

三、保护修缮寨心的“接递”台，并围绕“接地台”修建休息、祭祀广场，形成村落内部的公共活动空间。

四、寨尾佛寺的修建视村落经济状况而定，不强调寨寨有佛寺。若不建盖佛寺，可立佛幡代替。

五、佛寺的修建可结合老年活动室、图书室、文化室等文化场馆的建设，形成村落的文化活动中心。

4.3 保护传统公共空间，加强户外活动空间的建设

公共空间是村民聊天、议事、休闲、娱乐、欢度节庆、举办红白事的地方。对促进村民交往、增加村集体凝聚力具有重要意义，因此，不仅要保留传统的公共空间，还要对公共空间的功能设施进行提升改造，即满足传统的使用功能，又符合现代生活的需要。

一、保护佛寺前空地，可适度硬化成为广场，忌面积大而空，四周可种植花卉，形成佛寺园林。

二、保护榕树群下空地，不可大面积硬化，影响榕树的生长。可选适度位置修建广场和园路，满足欢庆舞蹈、休息交谈的需求。广场和道路需采用生态硬化，铺装需考虑透水透气性。

三、村寨出入口、寨心的位置，如果有足够的空间，也可设置集散广场，满足人们的集中活动和休闲聊天。

四、村落广场的修建，一定要慎重，需明确使用功能，避免重复建设，避免过度硬化和浪费。

五、村落户外公共空间的建设需控制好绿地与硬地的比例，多种植高大常绿乔木，增加空间的绿化覆盖率。布置人性化的，具有傣族特色的休息设施。

4.4 保护传统巷道格局，提高行走空间的舒适度

对外，人们通过在巷道中行走来认知、感受村落，获得村落的第一印象。对内，巷道连接村落的每一个空间，是村落布局的客观反映。保护巷道格局就是保护村落的肌理，提升巷道的舒适度，就改善了整个村落的舒适度。

图 4-1 增加道路绿化

一、保护传统巷道格局，就是要保护巷道的平面布局、路面的宽度和走向、道路的高低起伏变化。忌肆意截弯取直，忌盲目扩宽，除考虑消防需做调整外，不允许随意改变路网格局。其实，传统村落与新建村落最大区别就在于路的规划，新建村落因为是统一规划，道路多了秩序性，却少了自然性。而传统村落是自然衍生，道路体现出随自然和时间变化的特性，这也正是传统村落宝贵之处。

二、传统傣寨路面多为素土路面，虽生态，却不再满足现代生活的需要，需做提升改造。改造方式多样，但务必生态、有特色。针对当下用材推荐：透水彩色沥青路面、透水铺装路面、洗米石路面等，具有良好的透水性和防滑性。铺装颜色以泥黄为主，还原传统素土路面的质感和颜色。

三、增加道路两侧的绿化。种植常绿遮阴乔木为行道树，改善行走空间炎热的问题（图 4-1）。种植具有傣族特色的观花观叶植物，增加道路空间的美感度。

5 传统民居的保护与发展

传统民居是一种最适应自然的居住方式，其用材取自乡土，体现了对自然材料的运用。结构与外观体现了对当地气候的适应，布局则反映出家庭观念与居住习惯。是傣族利用自然、适应自然的智慧结晶。

当然，随着社会的发展，一方面传统民居在材料、结构、功能等方面，已不能完全适应现代生活的需要，面临淘汰的困境。而另一方面快速的城市化发展与物流交换，外来建筑材质与样式因其易得性、先进性、新颖性，迅速崛起，快速取代了传统民居。导致村落传统风貌丧失、民族特性丧失。这是社会发展必然出现的正常现象，也是社会进步必然经历的过程。我们所能做的就是进行合理的引导。

5.1 传统民居保护与发展原则

一、取其精华、去其糟粕，传承与创新并存

对传统民居和新型民居进行科学分析，选取各自优势部分进行融合创新设计，既要传承优秀的传统文化，也要创新新型居住模式。

二、尊重实用功能，突出民族特色，但不刻意追求表面特色

民居建筑首先在于能用，好用，要能满足适应现代生活、适应当地气候的功能。其次要有特色性，特色能让一个民族有独特感、自豪感、存在感，是增强民族自信，促进民族发展的重要因素。但是民居建筑上不能盲目追求特色而刻意保留或强加于功能无关的符号化元素，致使特色流于表面，缺乏实际意义。

三、尊重傣族意愿，发挥傣族主观能动性

在过去漫长的历史中，傣族人民用自己的智慧创造了当时最先进的、最适应德宏坝区气候的居住模式，有学习、有创新，包容并蓄，推动了社会的发展。如今他们仍能用自己的智慧解决问题，政府要积极鼓励傣族发挥主观能动性，听取傣族的意愿。因为，没有一位规划设计师能比他们更熟知问题。

5.2 传统民居保护与发展措施

对于传统民居的保护，首先要明确保护对象，划定保护范围。然后根据保护对象的差异性，划定保护等级，实施分类保护。最后针对不同类型问题，提出针对性的保护策略。

一、明确民居保护对象。“传统”并不是一个时间概念，因此不能以时间界定传统民居的范畴。凡是利用乡土材料，采用傣族传统建造技法，由傣族

自发独立完成的，体现傣族建造思想的，都可称为傣族传统民居，都必须进行不同程度的保护。

二、划定保护等级。根据民居建筑的年代久远度、用材乡土性、技艺独特性、造型美观度、建筑破损度和历史重要性等因子，对民居进行综合评价，将傣族传统民居划分出三个保护等级。

三、对年代久远，具有重要历史意义，表现出傣族精湛建造技法和思想的传统民居，给予一级保护。纳入文保单位，对其进行定时检测，制定完整的修复程序，在不变更建筑风貌的基础上，对其进行修缮、保养。并结合民居博物馆等保护开发形式，适度对外展出，例如土司民居。

四、对艺术价值、文化价值、历史价值相对较低，但的确原汁原味的傣族民居，给予二级保护，保护其原真性、生活性、生动性。居民不得搬出，但可从功能提升的角度，进行适度维修改善，保留传统的风貌，更新实用的功能，例如，大部分还可正常使用的傣族传统民居。

五、对外观保持传统但结构损坏，无法继续使用的民居进行三级保护。结合农村危房改造，本着安全第一、修旧如旧的原则，进行重度修缮。局部空间可拆除重建，并大胆创新。使其成为传统与现代的艺术结合，功能上还可用作民宿开发。例如，传统民居危房。

5.3 新建民居发展建议

对于原地拆除重建和异地新建的傣族新民居，本着生态、舒适、节能、有特色的原则，针对德宏两种不同的傣族传统民居形式，给出如下建设方案。

5.3.1 傣勒傣德新民居共性问题

传统傣族民居面对当代生活的需要，主要表现出：结构不稳定，材料耐久性差，翻修频繁、功能不够合理的问题。而面临的环境问题有：气候炎热、潮湿，需通风透气、遮阴纳凉。因此，在新民居的建设上需要共同解决如下问题：

一、由传统竹结构、木结构、土抬梁结构，调整为砖混结构、轻钢结构、框架结构，增加建筑的强度。

二、竹材本身是非常好的建筑材料，也是傣族传统民居的主要特色。但以当下的技术和成本，很难解决竹材耐用性、隔音性等问题，所以尚不能在新建民居中推广运用。因此，建议将竹材元素运用到民居的装饰性构件中，以传承传统特色。

三、新民居要重点解决房屋通风、透气、遮阴的问题，因为随着建筑材料由竹材变为水泥砖墙，室内透气性会降低，造成闷热。因此，有必要加大开窗面积，且为双面开窗，形成空气对流。

四、建筑高度控制在三层 12 米以内。

五、建筑外墙主体颜色为淡泥黄色，保留传统塘泥粉墙和竹编墙的质感和颜色。

六、建筑基础加高，一层平面离地 50 厘米以上，避免潮湿气。

5.3.2 傣勒新民居建设方案

传统傣勒民居具有合理的功能分区，因此在功能上并不需要做太多调整。主要需要解决的问题是空间的集约性和特色性。因此，新傣勒民居需要表现紧凑的功能布局和突出的傣族特色，避免和汉族民居趋同。具体设计方案（图 5-1 ~ 图 5-3）。

一、平面布局保留传统合院式，可两面、三面围合。但需保留传统傣勒民居坊坊不相连的特色，在合院转角处断开连接，留出空间，形成过道通往后院。同时提供了前后院空气对流的通道，避免合院闷热。

二、保持一层建筑前廊宽大，减少阳光对房屋的直晒时间。并保留前廊上的传统竹、木围挡，起遮阴、防晒的效果。围挡结构还可仿制“美人靠”，增加前廊的会客性。前廊加设围挡是傣勒民居与汉式民居外观上的最大区别，且具有较强的实用性和装饰性，必须给予保留。

三、堂屋进深后退，或增加入户门厅，形成建筑前半开敞的过渡空间，形成非正式的会客区，比起堂屋会客更加随意、轻松、透气。

四、屋顶采用传统悬山双坡顶。

一层平面图

总建筑面积：137.5m²

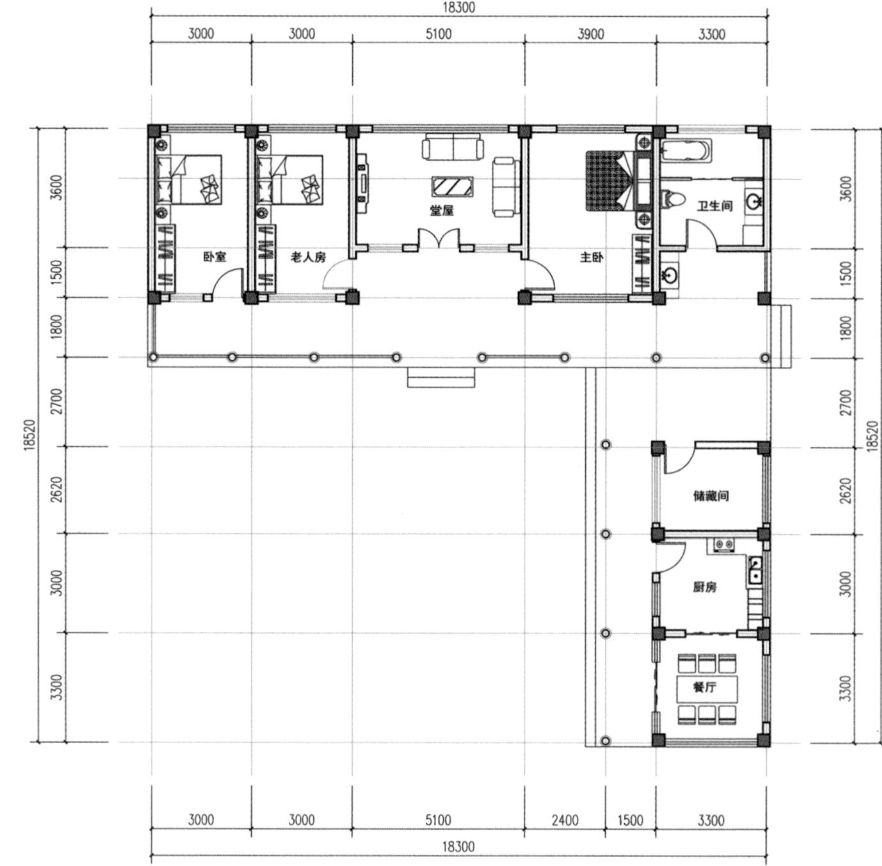

图 5-1 傣勒经济型民居方案（一）

图5-1 傣勒经济型民居方案（二）

图5-2 傣勒小康型民居方案(一)

图5-2 傣勒小康型民居方案（二）

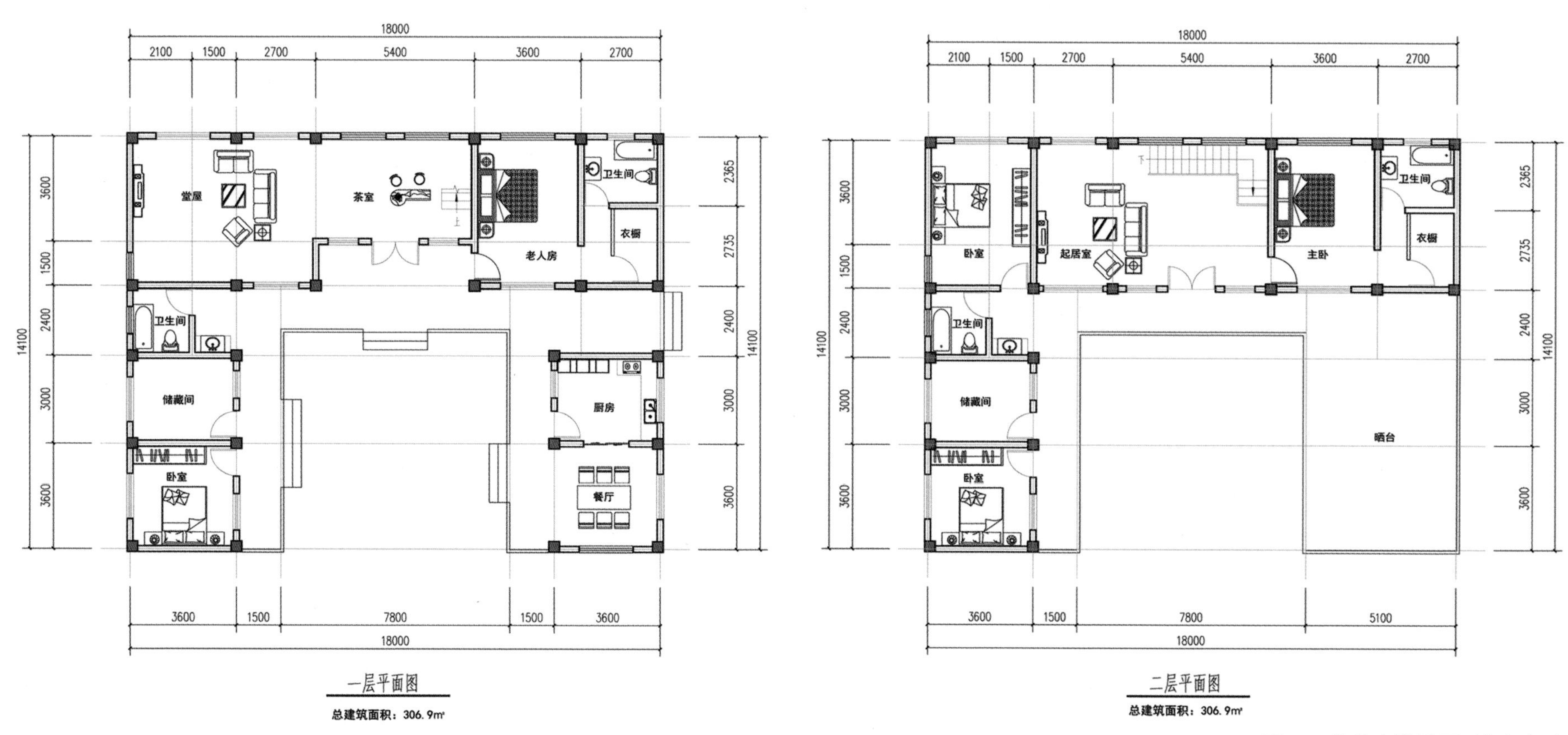

图5-3 傣勒富裕型民居方案（一）

图5-3 傣勒富裕型民居方案（二）

5.3.3 傣德新民居建设方案

传统傣德民居是竹楼艺术的典范，无论是建筑外观还是结构，都将竹元素发挥得淋漓尽致。但从耐久性、防护性来说，已不能满足现代生活的需求，需做更新。傣勒传统民居在功能布局上体现出空间集约的特点，需要保持。但传统的人畜混居模式，更需要摒弃。因此，新傣德民居的更新主要是调整功能位置，改变建筑用材。具体设计方案（图 5-4～图 5-6）。

一、保持独栋式的建筑格局，所有功能空间集约组合。一楼布置客厅、老人房、储藏室、厨房、车库等功能，二楼布置起居室、卧室、书房、佛堂等安静空间，畜舍脱离主体建筑另外搭建。

二、因客厅移至下层，一楼增加入户引导空间。

三、二楼内走廊开放处理，增加室内的空气流通，或开大窗，或变为外走廊。

四、保持内外两部楼梯，建筑上下交通功能主要由内楼梯承担，而外楼梯更多的是装饰性，丰富建筑外观。

五、保持传统单体歇山屋顶，用挂瓦。

六、保留晒台、阳台空间，增加外立面的层次感。

七、扶手、栏杆、门、窗等构建保留竹元素，传承竹楼特色。

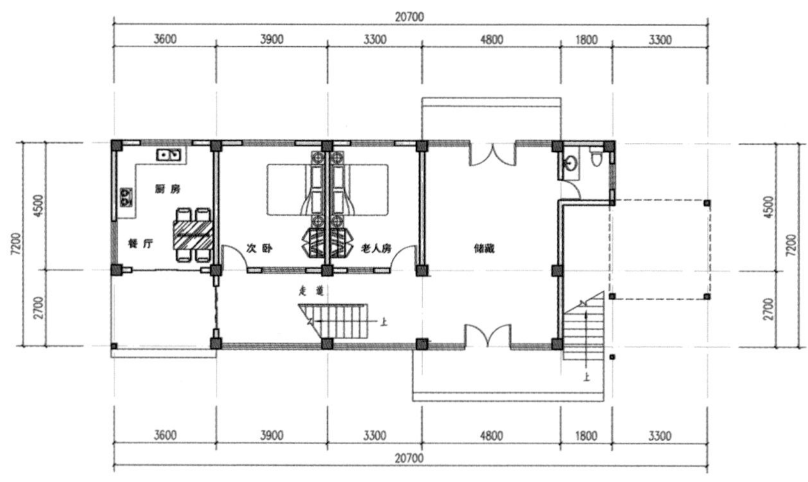

一层平面图
总建筑面积：189.3㎡

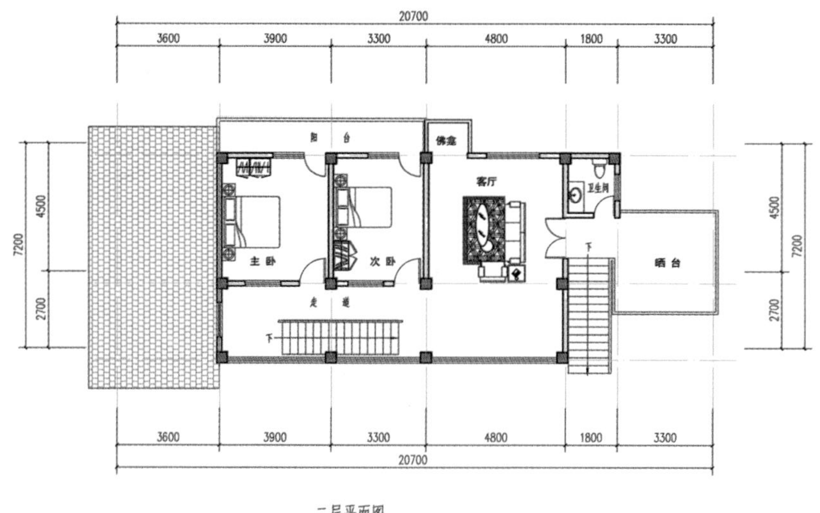

二层平面图
总建筑面积：189.3㎡

图 5-4 傣德经济型民居方案（一）

图5-4 傣德经济型民居方案（二）

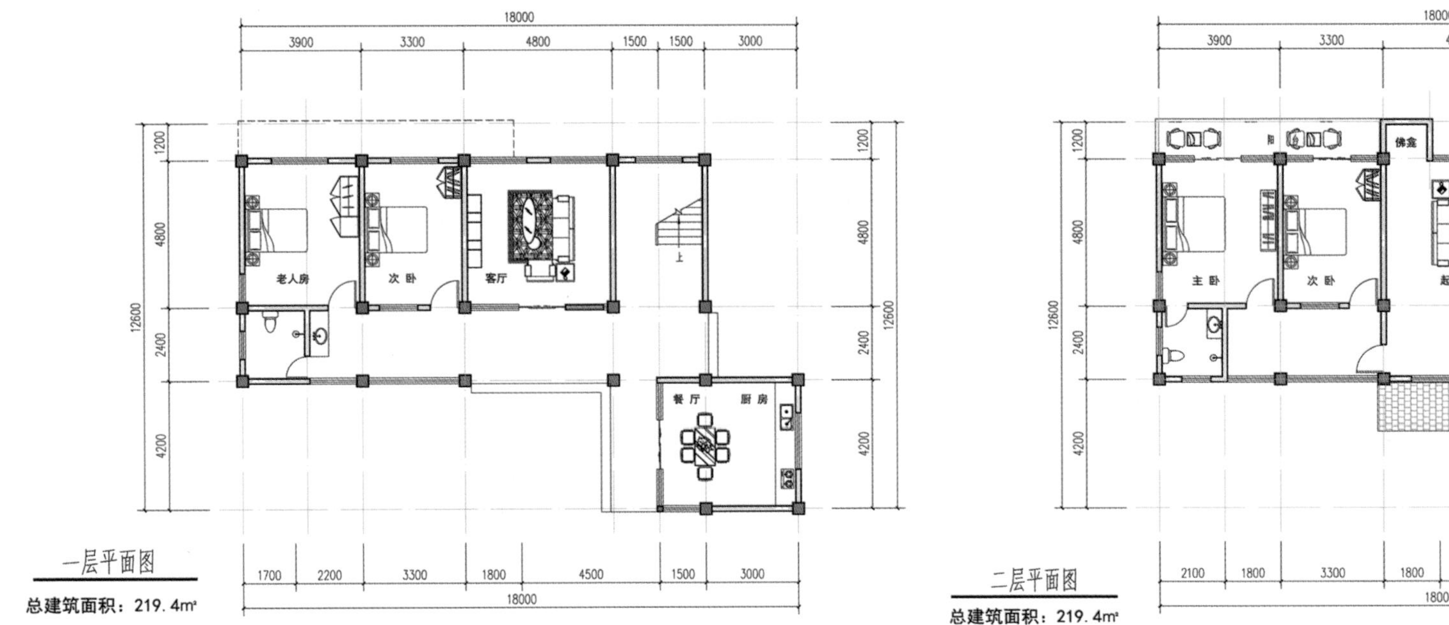

图5-5 傣德小康型民居方案（一）

图5-5 傣德小康型民居方案（二）

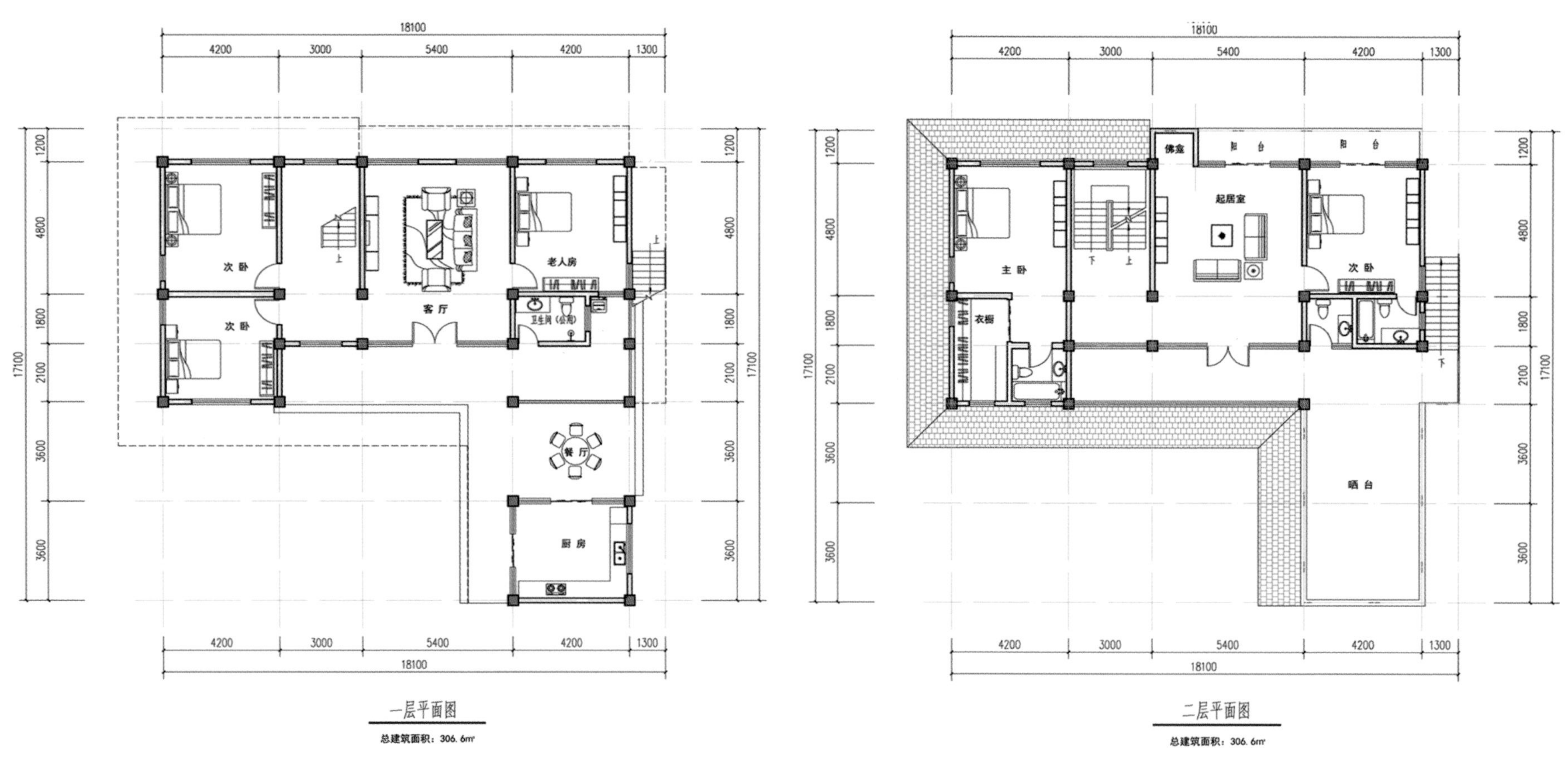

图5-6 傣德富裕型民居方案（一）

图 5-6 傣德富裕型民居方案（二）

6 历史环境要素的保护与发展

历史环境要素是构成村落历史风貌，具有特殊用途意义的建筑物、构筑物、设施和植物，是村落历史的痕迹，是村民生产方式、生活习惯、宗教信仰的反应。保护历史环境要素，就是保护村落历史痕迹，保护村落文化景观。德宏傣族村落常见历史环境要素有：佛寺、佛塔、佛幡、水井、凉水钵、竹桥、古树、树包石等。除此之外，个别村落还有壕沟、涵洞、碑幢刻石等历史上用于生产、消防、防盗、防御的特殊设施。

6.1 宗教建筑的保护与发展

傣族全民信仰南传佛教，“寨寨有佛寺、月月有佛节”是傣族传统村落最独特的文化景观，保护佛寺、佛塔等宗教建筑，有利于突显傣寨村落特色，强调傣族独特的民族文化。

6.1.1 佛寺的保护与新建

一、对傣族村寨现存佛寺、佛塔做全面调查，做测绘、记录并建档立案，依据久远度、艺术价值、独特性等指标进行综合评价，划分保护等级，实施分级保护。必要的修缮应按照严格的审核手续进行修复，并按消防要求配置消防设施。

二、新建佛寺要以传统佛寺特征为设计依据。佛寺的功能布局、外观造型、建筑用材可做适当创新，但必须满足宗教需要。

三、新建佛寺做好风貌控制，高度高于民宅，控制在 12~20 米。色彩明亮但不花哨，需庄重，主色调为金色、银色、黄色、红色、黑色、木色。装饰物需有南传佛教的文化内涵，禁止盲目滥用。

四、德宏新建傣族佛寺因有傣勒佛寺和傣德佛寺之分，保持两种不同类型的傣寨景观。

五、新建傣德佛寺需保持自由灵活的空间布局，各个功能空间有连廊相接。保持进殿入口位于山墙面，有长长的引廊相接。保持楼奘的形式，干栏式。保持屋顶层叠似塔，檐直且短。

六、新建傣勒佛寺可更具创新性，保持文化嫁接的特征。结构可地奘也可楼奘，大殿入口可在山墙面也可在正面。不同功能空间之间可相连也可独立分开。大殿建筑立面可对称也可灵活变化。但需保持屋顶为歇山重檐顶，飞檐上翘。释迦牟尼佛像一律坐西向东朝向。

6.1.2 佛塔的保护与新建

佛塔在南传佛教中象征着佛和法的尊严，因此从选址、设计、建盖到朝拜都有着严格的仪式、形制和要求。不能简单地当作是一种特色符号，而随意乱用。

一、对已列入文物保护单位的佛塔，严格按照文物保护条例进行保护。

二、对近年新建的，具有一定知名度且有较高艺术价值的佛塔，给予保护，并结合旅游，形成景点。

三、完善新建佛塔的审批制度，严格控制新建佛塔的数量、位置、规模、造型。避免出现佛塔泛滥、造型怪异，缺乏宗教内涵的现象。要么不建，要建就要尊重信仰、尊重艺术。

6.2 设施的保护与发展

传统傣寨中出于方便生产生活的目的，设置着一些独特的，具有实际功能用途的设施，但随着社会的发展，这些设施因功能被取代而面临消失，但也因而更显珍贵，因为这是傣寨历史发展的痕迹。我们不能强制留下它的躯壳，但可以赋予它新的功能，使其换种方式留下。

6.2.1 水井的保护与新建

水井所在的地方是传统傣寨中最实用、最热闹的公共空间，每日来往挑水饮用、洗衣洗菜的人络绎不绝。但随着自来水、洗衣机等现代设施的使用，水井已失去其功能，水井周边也逐渐荒芜。对于水井的保护与新建建议：

一、对于水质良好、水源充沛的传统水井进行保护，严格保护水井周边环境整洁无污染，并依据原有水井设施的原貌，进行保护和修复。

二、对于水质差、水源枯，但水井设施完整，且有一定艺术、历史价值的，给予保护保留。并可通过清淤疏浚或引水入井等措施，让水井重新充满生机。

三、对于水质差、水源枯，水井设施破坏严重，且无艺术、历史价值的进行拆除。亦可原址重建，形成新水井景观。

四、对于异地整村搬迁或整村新建的新傣寨，水井可作为一种民族历史文化符号而新建。新建形式可灵活多样，功能比传统水井更具观赏性和趣味性，成为一处特殊的园林水景观。

6.2.2 竹桥的更新优化

竹是傣寨最重要的建造用材，用竹材建桥是傣族建造技艺的又一特色。德宏傣寨依江而建，水系纵横，赶集、种田、与对岸村寨往来，都需要跨水。尤其是农田位于江对岸的村寨，每日需过江数趟。因此，桥成为傣寨必不可少的交通。而竹桥材料易得、易修建，成本低，有着其他材质无法替代的优势。因而传统竹桥及竹桥技艺得以传承至今，还发挥着重要作用。所以，竹桥的传承不在保护，而在创新优化。

一、竹桥易建也易毁，因此无需保护竹桥，而是要保护传统的竹桥建造技术。通过对传统技术进行记录、访谈，掌握技术的核心、要点与难点。尤其要清楚技术缺陷，便于更新优化。

二、解决竹桥耐久性问题。研究如何增强竹材耐腐性、抗性，如何更新建造工艺，从而提高竹桥的使用年限。

三、解决竹桥安全问题。研究如何通过增加感应发声装置，监测竹桥损坏情况，并能发出坍塌预警信号。

四、创新竹桥艺术，可与其他材质相结合，形成具有地方民族特色的新景观，并将其推广运用到德宏城市景观建设中。

6.2.3 树包石的保护

傣族喜在大青树下放置石块当坐凳，使大青树成为林下休息、纳凉、聊天的空间。久而久之，大青树强大的根系繁殖力将一个个石块包裹于根系中，形成树包石景观，从而印刻下了时间的痕迹，诉说着村落的故事。成为傣寨最有时间性、生活性的景观。

一、保护树包石景观首先要保护树体，保护树木生长的环境，禁止对裸露根系进行水泥填埋硬化。

二、定期对裸露根系进行垃圾清理，避免腐蚀树木。

三、保护树中石块不被撬出。

6.2.4 凉水亭、凉水钵的创新应用

传统傣寨的村口，有泥红色的陶罐盛满清水，安置在竹龛里，为来往行人提供解渴的饮用水，是传统傣寨最具人性化的景观。但如今便捷的交通工具已不会使人产生长途跋涉的疲惫与口渴，而路边的凉水是否卫生安全也成为担忧，因此凉水设施不再被需要。但作为傣寨历史上的重要景观，又体现着傣族的善良与温柔，不应该就此消失。因此，我们可以对其创新利用。

一、保留传统凉水钵的质感和外观，保留凉水钵的盛水功能，但可以以洗手台盆的形式放置在傣寨公共活动空间的周边。

二、创新设计，形成景观小品，例如水景装饰、景观灯、花钵等。

三、以文化符号的形式融入傣寨设施、景观、小品的装饰设计中。

6.2.5 佛幡的保护与发展

传统傣寨的祈福设施主要有佛幡、供台、神龛等，这些设施与宗教信仰、生活习俗息息相关，我们不能过多干预，让其自然发展便好。

一、佛幡是傣寨重要的识别特征，也是寨尾的重要识别符号。佛幡的制作体现了傣族的编织艺术，需要传承技艺。佛幡用材需保持传统材料，不得滥用塑料材质，造成环境的污染。

二、传统傣寨里的供台多为临时性设施，工艺简单，位置灵活，只为临时盛放贡品。传统供台材质多为竹，破损倒塌后不会对环境造成污染。因此，需保护供台设施的朴素性、简单性、环保性，忌奢华怪异，破坏村寨景观，材质污染环境。

三、神龛的修建要尊重民族信仰，选址和造型要符合宗教需要，忌奢侈浪费。

6.3 古树名木的保护

古树是唯一不可仿制的历史环境要素，是异地新建村落与传统村落最大的差别之处。古树代表了历史、时间，是村落古老的印证，因此必须给予保护。

一、做好普查立档工作，实行动态监测。在普查的基础上，对傣寨村域范围内的古树建立完整的档案。定期对古树名木的生长环境、生长状况、保护现状等进行动态监测和跟踪管理，做好病虫害的防治。

二、发布保护名录，设立保护标志。向村民公布古树名木保护名录，并对每棵古树名木设立保护标牌，明令保护。

三、保护古树名木原生环境。划定古树名木保护范围，禁止随便迁移古树名木，不得在古树名木保护范围内营建房屋、开垦挖土、硬化地面、架设或牵拉电线，倾倒废土、垃圾以及污水等，以避免改变和破坏原有的生态环境。

四、对长势较差的古树，存在生存隐患的古树，应积极采取各种有效措施，设立支撑，加强复壮管理。

五、培育古树后备资源。在保护好现有古树的同时，积极开展古树后备资源的培育工作，使古树资源可持续发展。

六、传统保护思想与科学保护观念同时宣传，提高保护效率。向村民宣传古树名木的价值和重要性，倡导正确的保护观念，对古树进行合理祭祀，禁止将供品塞入树洞，禁止在树下搭建水泥供台。既要弘扬传统的古树敬畏思想，又要具备科学合理的保护观念，提高古树名木的保护效率。

7 特色产业的发展与创新

7.1 产业发展定位

党的十九大报告提出实施乡村振兴战略，再次将改善农村居住环境，振兴农村经济发展作为我党工作的重中之重。德宏傣寨拥有丰富的自然资源和民族文化，拥有得天独厚的农林业种植环境，与和谐淳朴的社会发展环境，但由于偏居于边境，交通、经济、教育、医疗等发展相对落后、滞缓，与内地村镇发展相比还有很大差距，但也恰恰留下了良好的生态环境。因此，德宏傣寨的产业发展，一定要打好生态牌，一切从生态出发，保护好绿水青山就是保护金山银山，利用好德宏辐射东南亚的区位优势，将德宏傣寨建设发展成为集自然生态、人文生态于一体的国际生态型民族村寨。

7.2 产业发展原则

一、统一规划、打造品牌。

德宏傣寨具有共性的生态环境与文化特征，也有各自的优势与故事。产业的发展首先要有统一的规划，明确发展目标，划定各村的发展方向，避免恶性竞争，避免扰乱市场。其次根据各村资源特色与优势，确定重点发展内容，形成“一村一品”，增加市场竞争力。

二、整合资源、联合发力。

整合各项国家和地方的农业改革政策，用好国家对边疆民族的扶持政策，盘活各项涉农资金，相互借力，联合发力，制定有针对性的管理策略。

三、加强合作、科研创新。

加强和企业、高校、科研单位的合作，建立科研实践基地。将德宏傣寨发展的问题，通过科研立项研究解决。紧紧依靠科技和人才的力量，提高产业的层次和水平，并形成专利。增强其在区域经济发展中的带动和辐射作用。

四、包容发展、新旧融合。

产业的发展必然需要走出去，而经济的振兴必然会有人走进来。解决好传统文化与新文化的融合问题，解决好原住民与新人群和谐共居的问题。发挥傣族的主观能动性，发挥新乡贤在村落振兴方面的积极作用，让传统智慧和新思想共同推进村落的发展。

7.3 产业发展方向和重点

德宏是我国陆地进入印度洋的最佳区位，与东南亚、南亚有着良好的地缘 、人缘关系，互市贸易源远流长。德宏傣族聚居区冬无严寒、夏无酷暑，是发展冬季农业的天然温室。因此用好区位优势、气候优势，以发展特色农业为主，旅游服务业为辅，强化创意产业，立足传统资源与文化，用科技创新引领区域经济发展。将傣族的自然资源、文化资源转化为产业优势，实现傣寨的经济振兴。

7.3.1 发展生态特色农林业

一、傣米

傣族是我国最早种植水稻的民族之一，德宏亦是我国现存的 3 个野生稻谷原种地之一。傣族米具“热不黏稠，冷不回生、香糯可口”的优良品质，“遮放贡米”更是闻名于世。因此，德宏傣寨要延续优质稻米生产传统，通过科学的种植管理与创新，以提供优质米、生态米为己任，让德宏傣米成为中国及东南亚市场上品质最佳的大米。

二、傣果

德宏傣族地区可食用果子品种繁多，有市场上常见的热带水果菠萝蜜、荔枝、番木瓜、芒果等，也有酸涩小众口味的野果盐酸果、藤蔑果、余甘子、胡颓子果等，还有大力推广种植的澳洲坚果、咖啡、柠檬等。虽然资源丰富，但未形成品牌，缺乏市场影响力和竞争力。因此，找准问题，加大技术和资金的引进，坚持政府引导、企业运作、村民参与的模式，让生产、加工、运输、营销形成规模，打造德宏傣果品牌。

三、傣花傣树

德宏傣族在傣寨绿化景观的营造上表现出较高的植物认知与应用能力。有着对植物建造功能、美化功能、生态功能的应用经验，因此，生产培育具有傣族地方特色的园林绿化树种与观赏花卉，不仅可以带来可观的经济收入，还可增加德宏城市绿化特色。并且要坚持规模化、标准化生产，引领东南亚园林苗木产业的发展。

四、傣药

傣医药是我国四大民族医药之一，其中的植物药就大量分布于德宏。但大部分傣药一直以野生采集为主，生境的破坏和长期无序的采挖导致许多物种不断减少，部分濒临灭绝。因此，我们首先需要对德宏傣药资源进行定点定量的普查，根据其特性实施人工引种栽培，或从近缘植物中寻找替代种，实现资源的可持续利用，推动傣药的发展。

7.3.2 发展生态创意产业

积极发挥傣族创造力、传统技能和智慧，通过对知识产权的开发和创造，推动文化和经济的发展。主要包括建筑艺术、手工艺品、民族时尚设计、表演艺术等。将传统的傣族文化和技艺用现代的形式表现出来，实现活化传承。

一、傣竹及竹材建造

德宏是云南竹亚科种质资源最为丰富的地区之一，拥有竹类资源 15 属 70 种。竹材也是德宏傣族最重要的建造用材，有着丰富的竹材应用经验和建造技术，小到茶具、大到楼房，都可用竹材制造。因此，大力推广优质竹材种植、研发培育新型竹，创新竹材建造技术。建立从竹材品种研发、栽培、加工、设计、建造、养护一条龙的竹产业体系。让德宏傣竹和傣竹建造成为竹业龙头品牌。

二、傣藤及藤编家具

藤是仅次于木材、竹材的重要林产品，是藤编家具的主要用材。我国的棕榈藤资源极其匮乏，加工业所需原材料 90% 以上依赖从东南亚进口。而德宏作为我国最适合发展种植棕榈藤的区域之一，应大力推广种植。并结合傣族传统编藤技艺，通过时尚设计、精化技术，让傣藤和傣族藤编家具成为生态休闲家具的高端品牌。

7.3.3 发展生态旅游业

在全域旅游发展的背景下，德宏把旅游与脱贫攻坚、培育特色产业、带动农民增收等结合起来，通过农旅融合，落实乡村振兴战略。傣寨良好的自然、文化、交通条件，为德宏发展乡村旅游提供了条件。可以为游客提供看傣家景、住傣家楼、品傣家味、念傣家好的旅游体验。

一、诗意栖居

依山傍水的傣寨选址环境、绿林叠翠的村落空间、花果飘香的庭院生活，是傣寨发展旅游首要确保的绿色背景。让游客体验生态山水、感受园林化的诗意栖居空间，才是傣寨魅力所在，失去生态环境的傣寨将不在具有竞争力。

设计说明

1. 本方案用地面积：498平方米，场地建筑的布置可根据各用户场地的实际尺寸酌情调整。
2. 设计建筑面积322平方米，建筑层数为二层，设计为一层面积：172平方米，功能为：一间农家乐餐厅，设入口门廊；二层面积：150平方米，功能为：一间客厅，三间卧室，一间卫生间及休闲阳台。院场内布置独立的厨房、公厕、及两个餐饮凉亭。
   房屋主体为二层的砖混结构，设计傣民族坡屋面为钢结构，面层可铺挂瓦顶、树脂瓦顶或彩钢瓦顶，瓦顶颜色参见效果图。
3. 新建主房建设投资估算价位48万元，其他院场及附属工程可根据自身的经济情况酌情建设。

图 7-1 餐饮型民居

二、傣寨博物馆与傣族民宿

以村落博物馆的形式对历史文化价值较高的传统傣寨实施整体保护，保护整村的历史风貌及生活场景，延续传统的生活模式。对新建或改建傣寨进行适度开发，结合乡村旅游，发展傣族民宿，提供体验傣族文化，贴近傣族生活，居住傣家竹楼为特色的旅游体验（图 7–1 ~ 图 7–3）。

三、傣味及生态食品

德宏傣味在云南饮食市场上占有重要地位，具有酸、辣、生、凉的特点，擅长蒸煮、凉拌，最适合德宏炎热的气候，也符合当代生态食材、健康烹饪的理念。是傣寨发展乡村旅游最具吸引力的点。除了可以现摘生态菜、现品生态味，还可带回各种具有傣味特色的佐料、果脯、腌制食品等。将德宏傣味做强做大，让更多人接受喜欢。

设计说明

1. 本方案用地面积：540平方米，场地建筑的布置可根据各用户场地的实际尺寸酌情调整。
2. 设计建筑面积424平方米，建筑层数为二层，设计为一层面积：325平方米，功能为：一间客厅，两间卧室，一间卫生间；辅助用房：五间餐厅，一间公厕，一间杂物间；二层面积：99平方米，功能为：一间客厅，两间卧室，一间卫生间及休闲门廊。
   房屋主体为二层的砖混结构，设计傣民族坡屋面为钢结构，面层可铺挂瓦顶、树脂瓦顶或彩钢瓦顶，瓦顶颜色参见效果图。
3. 新建主房建设投资估算价位60.72万元，其他院场及附属工程可根据自身的经济情况酌情建设。

图 7–2 民宿型民居

设计说明

1. 本方案用地面积：764平方米，场地建筑的布置可根据各用户场地的实际尺寸酌情调整。
2. 设计建筑面积745平方米，建筑层数为二层，设计为一层面积：372.5平方米，功能为：一间客厅，两间卧室，六间卫生间，一间餐厅，一间厨房二层面积：372.5平方米，功能为：一间客厅，两间卧室，八间标间，两间卫生间及休闲阳台。
   房屋主体为二层的砖混结构，设计傣民族坡屋面为钢结构，面层可铺挂瓦顶、树脂瓦顶或彩钢瓦顶，瓦顶颜色参见效果图。
3. 新建主房建设投资估算价位120万元，其他院场及附属工程可根据自身的经济情况酌情建设。

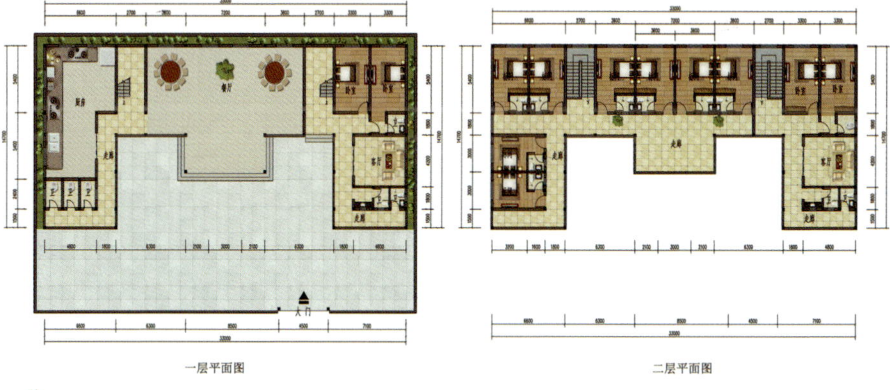

图 7–3 酒店建筑

8 传统傣寨对当代傣寨建设的启示

傣族传统村寨是傣族传统物质与精神的重要载体，融入了傣家千百年的思想精髓，且至今仍鲜活的继续前进着。但随着社会的高速的发展，非本土文化的侵蚀愈演愈烈，传统的景观和文化加速消失，为在大同的世界内寻求一席之地，各地个性化拼命张扬。傣族村寨拥有灿烂的文化背景和与时俱进的思想意识，不仅应该传承更应该发扬光大。

传承，如何传？传什么？是现在急需考究的问题。首先就必须实现傣族对自我价值的肯定，将傣族传统文化里那些符合现代发展的思想扩大化，增加民族自信心和自豪感，不必一味地追赶外来思潮，这样才能实现传承的意义。

对于傣寨的传承与发展，本文认为应从以下入手:

8.1 传其神

传起神是指新建傣寨要能传承传统傣寨的精神内涵。傣族精神造就了傣寨的文化内涵，是傣寨得以延续发展的灵魂。主要表现在傣族与自然和谐相处的生态观，和傣族团结互助的凝聚力。

8.1.1 继承生态保护观，从科学的角度重新认识生态的重要性

要继承传统傣寨优秀的生态审美意识不难，只要秉承传统的生态观，将“林、水、田、粮、人”的自然尊卑观念继续运用到环境建设中，就能延续傣寨的生态性。在过去，生态保护的行为是出于对自然的敬畏，是对自然最朴素的认识。随着生产力的发展，自然的神秘性减弱，人们的保护意识随之降低。这时就应该从科学的角度重新普及生态的重要性，让傣族意识到先辈们积极保护山林、水源的行为，是科学的、先进的，值得后辈继承。

8.1.2 保持空间绿化，形成园林人居示范基地

看古今中外，园林行为一直与经济挂钩，是财富、文化的象征。而傣族则把园林绿化单纯的看成是一种对生活的尊重，是善举，是道德评价的标准。傣族带着对生活的虔诚向往在欣赏这种园林的美，无论贫穷贵贱，都积极地营造着园林式的居住空间。这种境界和行为正是当下人居环境建设所需要构建的文化生态观，是最值得传承的傣族文化内涵。

8.1.3 延续和谐氛围，注重集体参与行为

傣族一直是个谦卑、温和的民族，傣寨也一直具有较强的凝聚力。但随着社会发展，个体经济崛起，农村土地流转，人们不再被土地束缚，曾经凝聚村寨的原始宗教力量也在不断减弱。致使村寨集体意识逐渐淡薄，人们之间的交流、关怀也越来越少。这就提醒我们要更重视集体活动的开展，建设好公共活动空间，增进人与人之间的良好交往。

8.2 承其形

承其形指的是新建傣寨要能传承传统傣寨的风貌，从外观上具有辨识性。包括传承传统傣寨的视觉特征及文化符号，能最直观的反应地域特色和民族文化。

8.2.1 符合傣寨传统美学特征，创新乡土材料的运用

傣寨的美学特征如前归纳，具有柔和的线性、细腻的质感、清新的色彩。这些特征得源于乡土材料的运用，是傣寨长期适应环境的反应。而新建傣寨只有保持这种特征，才能继续与自然环境相适应，这无疑需要继续使用乡土材料。所以我们需要做的是去创新乡土材料的应用技术，使其符合现代社会建设的需求，同时实现产业的创新发展。而不是跟随大流，滥用外来材料，向便捷妥协。

8.2.2 保留傣寨特色空间

在当下，无论是新建傣寨还是改扩建，笔者认为应该保留几处具有重要意义的特色空间，以传承傣寨风貌和文化内涵。

一、保留三个控制点。保留寨头、寨心、寨尾，以规范村落秩序，增加村落凝聚力。并且在村落的布局上，依旧按传统理念，用这三个点控制好村落的整体布局，使村落井然有序。

二、保留竹林边界。以竹林为寨墙，不仅可以增加村落的向心力，还可使村落与自然环境协调统一、融于一体。

三、保留传统傣寨绿地分布格局，有利于村落小气候的建立，营造舒适怡人的园林式居住空间。

8.2.3 传统文化符号的创新利用

传统傣寨里的一些设施，因社会的发展而丧失了使用功能，只得凝固成一种符号，留在人们的记忆中。但这些设施往往是一段历史的象征，凝结着傣族的智慧，即使功能丧失，但只要存在，便能唤起人们的记忆。因此，我们需要让这些设施换个方式，由使用功能变成文化功能，成为一种符号，让历史的痕迹保留下来。

结语

2018年生态文明建设会议中，习近平总书记提出“生态兴，则文明兴；生态衰，则文明衰”，把生态文明上升到人类文明形态的高度。把生态文明上升到中华民族伟大复兴和中华民族永续发展的高度。

德宏传统傣寨是生态的，因傣族建寨观念是生态的，他们在朴实生态观的引导下，借助自然之力，“种竹以为帐、植花果以借其荫，设寨头、立寨心，万物有灵，凝聚人心”，构建了生态宜居的诗意空间，堪称人居环境的典范。

而当下，德宏传统傣寨的保护与发展也应该是生态的，因本着科学发展观，实事求是，创索探新。紧密围绕习近平生态文明思想，提升德宏傣寨人居环境，传承傣族传统生态建寨理念，将现代傣寨建设成为环境优美、生活富足、民族自信、经济腾飞的社会主义新农村。

附表：德宏傣寨常见特色园林植物调查名

序号	科	种名	拉丁名	傣语名	形态	傣家应用
常绿乔木						
1	桑科	菠萝蜜	*Artocatpus heterophyllos*	麻朗	树形高大、果实干生硕大、叶革质	食果、观果
2	桑科	高山榕	*Ficus altissima*	顿宏	树冠巨大、枝干粗壮、少气生根	傣族神树
3	桑科	榕树	*Ficus microcarpa*	迈榕	具奇特板根、气生根细弱密集、叶卵状革质	观赏遮阴
4	桑科	大果榕	*Ficus auriculata*	迈海	树冠伞形、紫红嫩叶	食果、食嫩叶
5	桑科	鸡嗉子果	*Ficus semicordata*	迈栾	小乔木，叶尖端锐尖、基部楔形	食果、药用
6	五加科	刺通草	*Trevesia palmate*	尖挡	叶大掌状深裂、小叶又裂、基部有扇形缺刻、叶缘有锯齿	药用、观叶
7	番木瓜科	番木瓜	*Carica papaya*	麻酸颇	软质小乔木、干直、叶果簇生于干顶	食果、药用
8	漆树科	芒果	*Mangifera indica*	麻檬	叶革质、聚生枝顶、果肾形	食果、观果、庭荫树
9	漆树科	铁刀木	*Senna siamea*	迈港岭	树大、枝干开张、萌枝力强	薪碳树
10	漆树科	酸豆	*Tamarindus indica*	麻简	枝叶开张、花淡绿色	食果、药用
11	夹竹桃科	蓝树	*Wrightia laevis*	顿怀	叶薄披针形、花冠白色漏斗状	染布
12	棕榈科	棕榈	*Trachycarpus fortunei*	迈南晚坏	树干圆柱形、叶簇竖干顶、形如扇	食嫩花
13	露兜树科	露兜树	*Pandanus tectorius*	顿金堆	树干高直，气生根落地后成支撑根、枝干布满环状叶痂、叶长坚硬螺旋状聚生于干端	编织
14	芸香科	柚	*Citrus grandis*	麻窝	叶柄具宽翅、果大	食果、芳香
15	鼠李科	缅枣	*Ziziphus mauritiana*	麻克	小乔、树皮粗糙，带红灰色	食果、药用
16	木兰科	白兰花	*Michelia alba*	麻展喊	树皮灰白、叶青绿革质有光泽、花白带黄、花瓣披针形、清香	香薰、花饰
17	木兰科	八角	*Illicium verum*	麻八角	叶披针革质、聚合果排成星芒状	调料
18	樟科	楠木	*Phoebe zhennan*	迈毫	树大通直、树冠开张、幼枝有棱	木材
19	樟科	柴桂	*Cinnamomum tamala*	迈宗平	叶细长、树皮有香味	食皮、药用

续表

序号	科	种名	拉丁名	傣语名	形态	傣家应用
20	藤黄科	铁力木	*Mesua ferrea*	迈干过	叶革质披针形，花四瓣白色，明显黄色花蕊	佛教圣树
21	藤黄科	大叶藤黄	*Garcinia xanthochymus*	麻露辣	树冠塔形、果熟后呈黄色球状	食果
22	茄科	假烟叶树	*Solanum verbascifolium*	费闷	叶卵长形下被白色毛、较厚	洗碗除腥味
竹类						
1	禾本科竹亚科	缅甸刺竹	*Bambusa burmanica*	迈桑	秆直近实心、节间长、尾略弯	围篱、建材、编织
2	禾本科竹亚科	油簕竹	*Bambusa lapidea*	迈匹朗	秆直厚实坚韧、节间长、尾略弯	围篱、建材、竹筒煮饭
3	禾本科竹亚科	凤尾竹	*Bambusa multiplex*	迈匹朗	秆细纤柔、弯曲下垂宛如凤尾、叶细小、排生于枝两侧呈羽状	围篱、观赏
4	禾本科竹亚科	大薄竹	*Bambusa pallida*	迈卜	秆通直高大、壁薄节平	围篱、编织、食笋
5	禾本科竹亚科	黄金间碧玉	*Bambusa vulgaris*	迈相善查	秆黄色、节间具宽窄不等的绿色纵条纹	围篱、观赏
6	禾本科竹亚科	香糯竹	*Cephalostachyum pergracile*	迈达哈	竹秆细长、壁厚、竹膜糯香	围篱、建材、竹筒煮饭、孩童制水枪
7	禾本科竹亚科	黄竹	*Dendrocalamus membramaceus*	迈达等	秆形较大材质坚硬、环平、笋黄	围篱、建材、制农具、食笋
落叶乔木						
1	漆树科	南酸枣	*Choerospondias nghinese*	麻美	树姿优美、树皮灰褐纵裂剥落、叶单数羽状复生	食果、药用
2	漆树科	黄连木	*Pistacia chinensis*	帕桑	树冠浑圆、枝叶繁茂而色彩丰富	食嫩叶、木材
3	漆树科	盐肤木	*Rhus chinensis*	麻坡	枝、果被毛如盐、奇数羽状复叶	食果、药用
4	豆科	凤凰木	*Delonix regia*	屯莫龙永	树形如伞、叶如飞凰之羽，花若丹凤之冠	遮阴、观赏
5	豆科	皂荚	*Gleditsia sinensis*	迈善	冠大荫浓、树皮浅纵裂、荚果平直肥厚	果实当肥皂用
6	蔷薇科	李	*Prunus salicina*	麻曼	花小、单生或两朵簇生、叶红花白	食果、制果脯
7	蔷薇科	木瓜	*Chaenomeles sinensis*	麻帽	枝干粗壮深褐色、花深红或白	食果、观花
8	蔷薇科	川梨	*Pyrus pashia*	麻果南别	主干粗大多分枝、伞状花序	食果

续表

序号	科	种名	拉丁名	傣语名	形态	傣家应用
9	木棉科	木棉	*Bombax ceiba*	迈柳	主干通直挺拔、枝条平展、 花簇生枝头、先花后叶、花开如火	使用果内绵毛、观赏
10	豆科	刺桐	*Erythrina indica*	迈宕	树形高大挺拔、树干有圆锥状刺、花开似串串红辣椒	药用、观赏
11	苦木科	臭椿	*Ailanthus altissima*	迈荣	树干通直高大，叶大荫浓、秋季红果满树、略有臭味	木材
12	楝科	香椿	*Toona sinensis*	迈荣化	幼叶紫红、成年叶绿背红棕色有蜡质	食嫩叶
13	白花菜科	树头菜	*Crateva unilocularis*	帕贡	花蕊红、长、伸出花朵外、复叶为三小叶	食嫩叶
14	紫草科	云贵厚壳树	*Ehretia dunniana*	帕桑	叶小、椭圆形、叶网脉明显；花序、 花萼及幼枝密生锈色腺毛	食幼果和嫩叶
15	蓝果树科	喜树	*Camptotheca hinese*	莫迈东	树干端直、枝条伸展、树皮灰色有稀疏圆形皮孔	药用
16	八角枫科	八角枫	*Alangium hinese*	迈纳能	株从宽大、小枝成之字形、秋色叶树	药用
17	桑科	无花果	*Ficus carica*	麻草京井	叶厚膜质掌状深裂、聚花果梨形熟时黑紫色、 瘦果卵形淡棕黄色	食果
18	叶下珠科	余甘子	*Phyllanthus emblica*	麻喊	叶互生二裂、极似羽状复叶， 果肉质扁圆略带六棱，味酸涩回甜	食果
19	番荔枝科	番荔枝	*Annona squamosa*	麻窝扎	小灌树皮薄，球形聚合浆果	食果、观果
常绿灌木						
1	桃金娘科	番石榴	*Psidium guajava*	麻里嘎	无直立干、浆果	食果、药用
2	芸香科	柠檬	*Citrus limon*	麻怕	树枝开张、小枝多硬刺	食果、芳香
3	芸香科	香橼	*Citrus medica*	麻英巴	叶大、淡绿色、叶柄无翅、果大	食果、药用
4	芸香科	九里香	*Murraya paniculata*	盏嘎	叶黄绿薄革质、浆果肉质红色有香气	绿篱、药用
5	胡颓子科	密花胡颓子	*Elaeagnus conferta*	麻栾板	藤本灌木、叶被银白鳞片、果多而红	食果、观赏
6	茜草科	玉叶金花	*Mussaenda pubescens*	莫木	小枝蔓延、花萼叶状白色、花黄密集	绿篱、药用
7	茜草科	栀子花	*Gardenia jasminoides*	麻白花	叶革质光亮、深绿、花白色浓香	香薰
8	大戟科	变叶木	*Codiaeum variegatum*	莫当墨	单叶互生厚革质、叶形、 叶色都丰富多彩，不是花胜似花	绿篱、观赏

续表

序号	科	种名	拉丁名	傣语名	形态	傣家应用
9	大戟科	一品红	*Euphorbia pulcherrima*	盏败良	直立灌木、顶端苞片状叶片呈红色	观赏
10	大戟科	金刚纂	*Euphorbia neriifolia*	南哏细音	直立肉质、秃净的灌木、小枝有波浪状翅、翅上有刺	绿篱
11	大戟科	蓖麻	*Ricinus communis*	顿轰亮	多年生草本、叶掌裂、全株泛红绿色	药用、榨油
12	大戟科	木薯	*Manihot esculenta*	柳景贺	干直立木质、单叶掌状深裂、纸质	作物
13	马鞭草科	马缨丹	*Lantana camara*	烂扎拌	枝叶具细刺柔毛、花序密集成头状，先开黄色，后转红色	绿篱
14	马鞭草科	假连翘	*Duranta repens*	不详	半攀缘状、叶缘有锯齿、花小蓝紫色	绿篱
15	马鞭草科	臭牡丹	*Clerodendrum bungei*	东柄	叶色浓绿、顶生紧密头状红花	药用、绿篱
16	茄科	夜来香	*Cestrum nocturanum*	莫焕能	枝初直立后俯垂、叶草质、花管状	香薰、食花
17	茄科	旋花茄	*Solanum spirsle*	帕列	植株光滑无毛、叶大、椭圆形	食叶
18	楝科	米籽兰	*Aglaia odorata*	么毫探	叶革质、小椭圆奇数羽状叶、花小金黄	香薰
19	爵床科	喜花草	*Eranthemum pulchellum*	扎冷	叶油绿、花淡蓝或白色	药用、绿篱
20	爵床科	三叶蔓荆	*Vitex Linn.*	麻栾板	直立灌木高达 5 米、有显著基干、具香味、小叶三枚	药用
21	爵床科	板蓝	*Baphicacanthus cusia*	莫环	茎节显明有钝棱、花冠漏斗形、淡紫色	药用、染布
22	棕榈科	棕竹	*Rhapis excelsa*	吧啦岭	丛生灌木、叶集生茎顶、掌状、深裂几达基部、叶色浓郁有光泽	观赏
落叶灌木						
1	豆科	木蓝	*Indigofera tinctoria*	克将	茎直立、总状花序腋生、花紫蓝色	染料、药用
2	豆科	山蚂蝗	*Desmodium racemosum*	亚排	茎有棱、小叶 3 片、顶生化学圆锥状	药用
3	豆科	紫穗槐	*Amorpha fruticosa*	喊卜	枝叶繁密、直伸、总状花序顶生蓝紫色	蜜源植物、观赏
4	蔷薇科	栽秧泡	*Rubus ellipticus*	麻唔	枝被小刺、叶圆粗糙、果实黄	绿篱、食果
5	蔷薇科	多花蔷薇	*Rosa multiflora*	改劳	花多朵密集伞房花序、花色白略带粉晕	绿篱、观花
6	芸香科	花椒	*Zanthoxylum bungeanum*	麻嘎	茎干通常有增大皮刺、奇数羽状复叶	食果、食叶

续表

序号	科	种名	拉丁名	傣语名	形态	傣家应用
7	夹竹桃科	鸡蛋花	*Plumeria rubra*	盏败	枝条肥厚肉质、花芳香蛋黄色、叶大纸质	佛教圣花
8	茄科	树番茄	*Cyphomandra betacea*	麻喝耸	全株短柔毛、浆果橙红色卵形	食果、观果
9	茄科	刺天茄	*Solanum indicum*	麻香恒	全株有刺、蝎尾状花序腋外生、 花蓝紫色花冠辐状、浆果球形光亮，橙红色	绿篱、药用
10	茄科	水茄	*Solanum torvum*	麻呛	花冠辐状、白色，果黄绿色球形	食果、药用
11	五加科	刺五加	*Eleutherococcus senticosus*	朗柳藤	茎密生细长倒刺、掌状复叶互生，伞形花序顶生	食嫩叶、药用
12	马钱科	密蒙花	*Buddleja officinalis*	磨毫冷	小枝具微四棱被灰色绒毛、聚伞圆锥花序腋生	黄色食品染料、药用
13	锦葵科	木槿	*Hibiscus syriacus*	毫莫道	茎直立多分枝、稍披散，叶菱形、花色多浅紫蓝色	绿篱
14	锦葵科	扶桑	*Hibiscus rosa-sinensis*	屯莫宏等	叶如桑叶、花色鲜艳多为红色系	绿篱
			直立草本			
1	豆科	决明子	*Catsia tora*	不详	一年生直立粗壮草本、花黄色	药用、绿篱
2	豆科	大猪屎豆	*Crotalaria assamica*	亚信路	半灌木草本、叶披针状矩圆形	绿肥
3	芭蕉科	地涌金莲	*Musella lasiocarpa*	归朗晚	苞片金黄、六枚一轮层层展开、 形似莲花、叶如芭蕉叶	佛教圣花
4	芭蕉科	芭蕉	*Musa basjoo*	归	大型多年生草本、叶子较香蕉狭长	食果、用叶
5	芭蕉科	香蕉	*Musa nana*	归	叶子较芭蕉肥大，茎粗大	食果、用叶
6	姜科	高良姜	*Alpinia officinarum*	休	春生茎叶如姜苗而大、花红紫色	食用、药用
7	姜科	草果	*Amomum tsao-ko*	麻草果	叶长椭圆形、无柄、叶缘干膜质、叶两面均光滑无毛	调料
8	姜科	砂仁	*Amomum villosum*	户哈	茎直立圆柱形、叶近无柄、叶两列有尾尖	调料、药用
9	姜科	郁金	*Curcuma aromatica*	么好暖	叶基生长圆形、叶背被短绒毛、 花雪白如莲、花冠管漏斗形	药用、用叶
10	姜科	黄姜花	*Hedychium flavum*	休	叶长椭圆状披针形、上表面光滑、下表面具长毛、 花形似蝴蝶、黄白色	佛教圣花、香薰、 观花、食花
11	美人蕉科	美人蕉	*Canna indica*	掌舵	叶宽大阔椭圆形、小花大、色彩丰富、 花萼花瓣背白粉、花瓣直伸	观花

续表

序号	科	种名	拉丁名	傣语名	形态	傣家应用
12	旅人蕉科	垂花火鸟蕉	*Heliconia rostrata*	贵亩朗	苞片 15–20，排成二列，不互相覆盖，船形，基部红色，渐向尖变黄色	观花
13	竹芋科	孔雀竹芋	*Calathea makoyana*	不详	叶片具金属光泽、褐色斑块如孔雀开屏	观叶
14	竹芋科	柊叶	*Phrynium capitatum*	冻京	叶大椭圆形有尾尖、叶柄长	包粽子、药用
15	竹芋科	花叶竹芋	*Maranta bicolor*	不详	叶圆表面光亮，呈深绿色，沿主脉为浅绿纹带，主脉之间有紫红色的斑纹	观叶
16	天南星科	菖蒲	*Acorus calamus*	蛮西藤	叶基生，叶片剑状线形、花密集生长、花柱短	药用
17	天南星科	海芋	*Alocasia macrorrhiza*	蛮谬	叶宽大箭状卵形、边缘浅波状、叶柄粗大、匍匐根状茎	药用
18	天南星科	魔芋	*Alocasia rivieri*	屯莫	主干直立、叶深裂羽状	茎粉加工为食物
19	天南星科	野芋	*Colocasia antiquorum*	蛮谬万	叶柄细、红色	食茎叶
20	天南星科	假芋	*Colocasia fsllax*	莫柳	叶柄细、绿色、叶片薄革质，钝卵形	食茎叶
21	天南星科	马蹄莲	*Zantedeschia aethiopica*	莫焕相	花苞片洁白硕大，宛如马蹄	观花
22	茄科	曼陀罗	*Dature Stramonium*	焕麻	茎粗壮直立、花冠喇叭状五裂、倒垂	药用、佛教花卉
23	茄科	颠茄	*Atropa belladonna*	麻呛	果色泽鲜艳、花紫堇色生于叶腋	药用、观果
24	茄科	假酸浆	*Nicandra physalodes*	屯痛途	叶缘粗锯齿、花杯型粉紫色、花萼宿存，心形，五棱合翼状，形似小灯笼	做饮品、药用、观赏
25	茄科	红茄	*Solanum integrifolium*	麻克混	果硬扁球状、色泽艳丽、成串排列	食果、观赏
26	茄科	少花龙葵	*Solanum photeinocarpum*	帕香	茎直立多分枝，叶多茂密、叶卵形边缘波浪状，浆果小、成熟时黑色、皮薄	食嫩茎叶、药用
27	鸢尾科	射干	*Belamcanda chinensis*	曼携	叶剑形、花被六枚花瓣状、红色具橙色斑点	做切花敬佛、观花
28	鸢尾科	香雪兰	*Freesia refracta*	莫喊盖	叶呈线状剑形排列、茎细长而稍有扭曲、花顶生淡黄色狭漏斗形、芳香	香薰、做切花
29	鸢尾科	唐菖蒲	*Gladiolus gandavensis*	不详	穗状花序，花冠筒呈膨大的漏斗形	观花、做切花、药用
30	唇形科	藿香	*Agastache rugosa*	板将	茎直立四棱形、叶心形边缘锯齿、叶被柔毛、轮散花序组合成圆筒形穗状花序、花紫色	食叶

续表

序号	科	种名	拉丁名	傣语名	形态	傣家应用
31	唇形科	毛罗勒	*Ocimum basilicum*	朋应醒	极芳香、叶小具柄具齿、叶茎有细小柔毛、花序轮生、苞片早脱落	食叶、重要佐料
32	唇形科	紫苏	*Perilla frutescens*	哈	茎四棱、叶紫、绿色、叶背柔毛宽卵形	重要甜品香料
33	唇形科	益母草	*Leonurus japonicus*	亚命良	轮伞花序腋生、小花淡紫色、花萼筒状、花冠二唇形	药用
34	龙舌兰科	剑麻	*Agave sisalalana*	蓝哏嘎	叶无柄、剑形、硬而狭长、圆锥花序顶生、高大如乔木	绿篱、制麻
35	龙舌兰科	虎尾兰	*Sansevieria trifasciata*	蛮西能	叶肉质状、簇生于地下茎、叶面有斑纹	绿篱、观赏
36	龙舌兰科	富贵竹	*Dracaena sanderiana*	万年青	植株细长、露地栽植可高达 2 米以上、叶长互生纸质、浓绿、长青	敬佛、室内常用花卉
37	龙舌兰科	巴西铁	*Dracaena fragrans*	万年青	植株高大、干圆柱形、叶簇生顶端、叶长条略宽、浓绿有光泽	观赏
38	龙舌兰科	龙血树	*Dracaena cambodiamna*	不详	叶长披针革质互生、聚生于枝顶	观赏、药用
39	仙人掌科	仙人掌	*Opuntia maonacantha*	艮无掌	茎下部木质，上部肉质扁平，花黄生于扁茎顶	绿篱、药用
40	百合科	芦荟	*Aloe vera*	艮秋	叶披针形多肉质簇生于茎顶、叶缘有刺	药用
41	凤梨科	菠萝	*Ananas comosus*	麻哈拉	叶剑形丛生莲座状、灰绿色，花蓝紫色	食果
42	石蒜科	文殊兰	*Crinum asiaticum*	么哈达	叶片宽大肥厚、常年浓绿，花伞形聚生于花葶顶端，每花六瓣细长花瓣	佛教圣花
43	菊科	黄秋英	*Cosmos sulphurenus*	莫怕	叶 2-3 回羽裂、舌状花金黄色、8 朵	药用
44	菊科	鱼眼草	*Dichrocephala integrifolia*	帕滚卜	茎紫色、密被白色柔毛，叶互生、缘有齿琴状羽裂、花序外白内黄绿如鱼眼	食用
45	菊科	大丽花	*Dahlia pinnata*	不详	多年生草本、花大、花形花色丰富、花期长	藤架花卉
46	景天科	落地生根	*Bryophyllum pinnatum*	亚崩非龙	茎直立紫色，叶黄绿色肉质、叶缘钝齿状紫色	药用、观叶
47	景天科	箭根薯	*Tacca chantrieri*	莫仑艮	花大、紫黑色，蝶状，有长须	药用、观赏
48	三白草科	鱼腥草	*Houttuynia cordata*	帕怀	叶基部心形尖端渐尖，上面绿色下面紫色，有腥味	全株可食

续表

序号	科	种名	拉丁名	傣语名	形态	傣家应用
藤本植物						
1	豆科	云实	*Caesalpinia decapetala*	不详	攀爬灌木、花冠黄色有光泽	绿篱、药用
2	豆科	鸡血藤	*Millettia dielsiana*	托斜	木质藤本、花多而密、紫红或玫红色	药用
3	豆科	葛根	*Pueraria lobata*	户柳	多年生藤本、块根肥厚	药用
4	豆科	臭菜藤	*Acacia pennata*	帕哈	大藤本、枝条带刺、有怪味	食嫩叶
5	豆科	含羞草	*Mimosa pudica*	堆户	成簇生长、花绒球粉色	药用
6	天南星科	绿萝	*Scindapsus aureum*	哈相	草本、叶片心形、绿色也有黄色斑块、叶茎肥	观叶
7	天南星科	麒麟叶	*Epipremnum pinnatum*	亚应艮	草本、茎圆柱状粗大、叶羽状裂、叶中脉两侧有小穿孔	观叶
8	天南星科	龟背竹	*Monstera deliciosa*	莫别道	草本、茎粗、幼叶心形无孔，长大后广卵形、羽状深裂，叶脉间有椭圆形穿孔，叶柄长	观叶
9	天南星科	红柄蔓绿绒	*Philodendron imbe*	不详	草本、茎生气根攀缘、叶片紫绿色、叶脉明显	观叶
10	天南星科	合果芋	*Syngonium podophyllum*	不详	草本、叶戟形、幼叶淡绿、老叶深绿、叶脉白纹	观叶
11	茄科	樱桃番茄	*Lycopersicon esculentum*	麻呵冷凉	草本、全株有柔毛、叶缺刻深，浆果红、如樱桃大小成串排列	食果、观果
12	海金沙科	海金沙	*Lygodium japonicum*	棍克	草本、叶 2 型纸质，营养叶尖三角形、2 回羽状，孢子叶卵状三角形、羽片边缘有流苏状孢子囊穗	药用
13	薯蓣科	黄独	*Dioscorea bulbifera*	克麻哈麻	草本、叶心形、全缘、叶脉明显、花小密集浅绿色	绿篱、药用
14	胡椒科	蒌叶	*Piper betle*	卜亚	叶片厚大倒卵形有腺点、色泽浓绿、气味芳香	嚼槟榔配料
15	胡椒科	胡椒	*Piper nigrum*	麻皮	常绿藤本、叶全缘互生椭圆形、果无柄黄绿色	调料
16	木犀科	素馨花	*Jasminum grandiflorum*	冒展嘎	常绿攀缘灌木、奇数羽状复叶、花冠白色高脚蝶状、花管长	藤架花卉、香薰
17	紫葳科	炮仗花	*Pyrostegia venusta*	别比	常绿木质大藤本、花开似成串炮仗、金黄色	藤架花卉
18	旋花科	五爪金龙	*Ipomoea cairica*	鸟苗算	叶掌状五深裂、花冠紫色漏斗状	藤架花卉

续表

序号	科	种名	拉丁名	傣语名	形态	傣家应用
19	旋花科	圆叶牵牛	*Pharbitis purpurea*	莫鸟苗	叶心形	绿篱
20	旋花科	牵牛	*Pharbitis nil*	莫鸟苗	叶三裂	绿篱
21	旋花科	茑萝松	*Quamoclit pennata*	莫盏杏	细弱攀缘草本、叶羽状、花漏斗状无裂，如五角星	绿篱
22	紫茉莉科	三角梅	*Bougainvillea spectabilis*	莫当迈	攀缘状灌木、花三朵簇生于三枚较大的苞片内、苞片薄透、色彩丰富、四季花开	藤架花卉、州花
23	菊科	九里光	*Herba senecionis*	不详	攀缘状灌木、全株生软毛、叶单叶互生长卵形	药用
24	西番莲科	西番莲	*Passiflora edulis*	麻喝混	草质藤本，叶面光滑掌状三裂、有锯齿，果似鸡蛋、皮质光滑，有绿色、紫色两类	食果、藤架花卉
25	葫芦科	绞股蓝	*Gynostemma pentaphyllum*	亚克混	皱缩、茎纤细灰棕色或暗棕色、表面具纵沟纹、被稀疏绒毛、复叶	药用
26	葫芦科	小葫芦	*Lagenaria siceraria*	南岛混	瓠果淡黄白色、长不足 10 厘米、中部缢细、上部连接果柄成尖桃形	做乐器
27	葫芦科	木鳖	*Momordica cochinchinensis*	怕令孟	粗大藤本、成熟果实红色卵球形密被刺状突起	食嫩蔓
28	棕榈科	省藤	*Calamus platyacanthoides*	歪	叶长、羽状全裂、裂片 1–4 枚成束着生于叶轴上、束间疏离、果球形有黄色鳞片如蛇皮	编织、食果
29	菟丝子科	菟丝子	*Cuscuta chinensis*	克喊	寄生草本、茎丝线状、橙黄色、无叶、花簇生	药用
30	落葵科	藤三七	*Boussingaultia gracilis*	克东	多年生肉质小藤本、叶肉质心形，光滑无毛	药用
31	防己科	千金藤	*Stephania japonica*	不详	叶阔卵形肉质、核果球形红色	药用
铺地植物						
1	禾本科	地毯草	*Axonopus compressus*	棍克	长匍匐茎，叶宽短，叶鞘松弛压扁	草皮
2	伞形科	积雪草	*Centella asiatica*	帕朗	芳香，茎细长、结节生根，叶肾形缘有波浪状	全株可食
3	伞形科	普通天胡荽	*Hydroocotyle vulgaris*	帕朗混	叶圆有顿齿伞形、叶油绿有光泽	药用
4	伞形科	刺芫荽	*Eryngium foetidum*	帕及嘎拉	芳香，叶自根出、倒披针形叶缘波浪锯齿、齿端有硬刺、聚伞花序直立粗壮	全株可食、重要作料
5	旋花科	马蹄金	*Dichondra repens*	帕朗	匍匐小草本、叶小圆、小果多	全株可食

续表

序号	科	种名	拉丁名	傣语名	形态	傣家应用
6	荨麻科	冷水花	*Pilea cadierei*	碰别	茎肉质、叶卵形对生膜质、叶面透亮并有光泽、钟乳体结晶、条形明显形成白绿相间的纹路	药用、观叶
7	马齿苋科	土人参	*Talinum portulacifolium*	户逛毫	叶倒卵形、肉质有光泽、蒴果球形红褐色	药用
8	鸭跖草科	吊竹梅	*Zebrine pendula*	哈良	茎匍匐、叶肉质紫色	观赏
9	蓝雪科	白花丹	*Plumbago zeylanica*	莫晚成	攀缘状亚灌木、花序穗状、花白、长漏斗状五瓣	药用
水生植物						
1	睡莲科	荷花	*Nelumbo nucifera*	莫莫	挺水、花大色雅亭亭玉立、叶如绿波摇曳多姿	佛教圣花
2	禾本科	薏苡	*Coix lacroyma-jobi*	纳摆	湿生、秆直立中空、基部节上生叶、叶鞘光滑具白色薄膜状叶舌、颖果硬	药用
3	禾本科	芦竹	*Arundo donax*	不详	湿生、秆直立有分枝、叶稍无毛	药用
4	唇形科	野薄荷	*Mentha haplocalyx*	混焕	湿生、芳香、茎四棱、叶深绿两面被毛	食嫩茎叶
5	爵床科	野草香	*Elsholtzia cypriani*	帕冷	湿生、芳香、全株有小绒毛，茎绿紫色柔软，叶小卵形互生，花小、淡紫色	食嫩茎叶
6	木贼科	木贼	*Equisetum hiemale*	亚干多	草本蕨类、匍匐丛生、茎粗糙灰绿色、有关节、节间中空、叶退化为鳞	药用
7	蓼科	水蓼	*Polygonum hydropiper*	香辣柳	湿生、香辣味、茎红紫色无毛，节膨大有须根、叶形如柳互生，	食叶、重要作料
8	天南星科	大薸	*Pistia stratiotes*	么拥	浮水、叶莲座状簇生无柄、倒卵状楔形两面被毛	饲料
9	伞形科	金钱莲	*Hydrocotyle vulgaris*	不详	挺水蔓生性植物，叶肉质、圆盾形缘波状	药用

注：表中内容为笔者调查整理所绘，所列植物仅为种子植物，刘世龙、赵见明编著的《云南德宏州高等植物》是主要参考文献。

感谢园林植物与观赏园艺专业的博士研究生李响、硕士研究生熊威对笔者调查植物的识别。

参考文献

1. 艾红菊. 傣族水文化研究. [博士学位论文]. 北京：中央民族大学，2004
2. 艾训儒. 湖北清江流域土家族生态学研究. [博士学位论文]. 北京：北京林业大学，2006
3. 刀国栋著. 傣族历史文化漫谈 . 民族出版社，1996
4. 方仁. 西双版纳傣族园村寨旅游景观浅析. 广东园林，2007，6：18 – 20
5. 郭美锋. 理坑古村落人居环境研究. [博士学位论文]. 北京：北京林业大学，2007
6. 管旸. 云南红河西部地区传统住屋和聚落研究初探 [硕士学位论文]. 北京：北京林业大学，2004
7. 何瑞华. 论傣族园林植物文化. 中国园林，2004，04：08 – 11
8. 贺勇. 适宜性人居环境研究一“基本人居生态单元”的概念与方法. [博士学位论文]. 浙江：浙江大学，2004
9. 韩建华.《园冶》中“因借”思想对构筑人居环境的研究. 宁波工程学院学报，2007，9：63 – 65
10. 黄烨勍. 西双版纳傣族民俗文化生态旅游规划研究. [硕士学位论文]. 云南：昆明理工大学，2001
11. 黄惠焜，赵世林，伍琼华. 傣族文化志. 云南人民出版社，1997
12. 海德格尔 (著)，郜元宝 (译). 人诗意地安居. 广西：广西师范大学出版社，2000
13. 黄惠焜. 掸傣古国考. 东南亚. 1985,10：2–12
14. 进士五十八，铃木诚，一场博幸 (著)，李树华等 (译). 乡土景观设计手法一向乡村学习的城市环境营造. 北京：中国林业出版社，2008
15. 金其铭 . 中国农村聚落地理 . 南京：江苏科学技术出版社，1989
16. 江应樑. 摆彝的生活文化. 上海：中华书局，1950
17. 江应樑. 傣族史. 成都：四川民族出版社，1983
18. 凯文・林奇 (美) 著，方益萍，何晓军译 . 城市意象 . 北京：华夏出版社，2001
19. 缪小龙. 马祖芹壁传统聚落研究兼论马祖民居的建筑特色. 福建建筑，2006：09 – 13
20. 李德飞，马俊娜. 云南傣族园林植物特色及文化内涵. 林业调查规划，2006，4：159 – 163

21. 李志英. 黔东南南侗地区侗族村寨聚落形态研究. [硕士学位论文]. 昆明：昆明理工大学，2002
22. 李伯华，曾菊新，胡娟. 乡村人居环境研究进展与展望. 地理与地理信息科学，2008，9：70 – 74
23. 李秦晋. 西双版纳傣族对非木材林产品利用状况的研究. [硕士学位论文]. 云南：中国科学院西双版纳热带植物园，2007
24. 李加强. 傣族民俗与文化拾遗. 盈江县史志办公室，2009
25. 卢宏. 我国民族村寨旅游综述. 贵州民族研究，2008，01：118 – 128
26. 刘伟. 人居环境研究之国内古镇保护. 现代企业教育，2008，22：143 – 144
27. 刘世龙，赵见明. 云南德宏州高等植物. 科学出版社，2009
28. 刘宏茂，许再富，段其武，许又凯. 运用傣族的传统信仰保护西双版纳植物多样性的探讨. 广西植物，2001，5：173 – 176
29. 刘垚. 傣族生态环境思想研究. [硕士学位论文]. 云南：云南师范大学，2006
30. 刘荣昆. 傣族生态文化研究. [硕士学位论文]. 云南：云南师范大学，2006
31. 马建武. 云南少数民族园林景观. 中国林业，2006
32. 诺曼 K. 布思 (著), 曹礼昆 (译). 风景园林设计要素. 北京：中国林业出版社 ,1989
33. 彭一刚 . 传统村镇聚落景观分析 . 北京：中国建筑工业出版社，1992
34. 宋金平. 聚落地理专题. 北京师范大学出版社，2001
35. 田莹. 自然环境因素影响下的传统聚落形态演变探析. [硕士学位论文]. 北京：北京林业大学，2007
36. 藤井明 (著)，宁晶 (译). 聚落探访 . 北京：中国建筑工业出版社，2003
37. 魏欣韵. 湘南民居——传统聚落研究及其保护与开发. [硕士学位论文]. 湖南：湖南大学，2003
38. 汪任平. 澜沧江中下游流域传统聚落研究初探—村落人居环境与建筑朝向生态的可持续发展. [硕士学位论文]，昆明：昆明理工大学，2001
39. 翁有志 . 黔东乡土聚落景观研究. [硕士学位论文]. 南京：南京农业大学，2008
40. 王晓帆. 中国西南边境及相关地区南传上座部佛教佛塔研究. [博士学位论文]. 上海：同济大学，2006
41. 王国祥. 傣族水井：凝固的歌. 今日民族，2005,3：22–25
42. 王晖. 民居在野：西南少数民族堂室格局研究. 上海：同济大学出版社，2016
43. 谢珂珩. 四川羌族传统聚落研究. 四川建筑，2008，02:46 – 48
44. 杨庆. 西双版纳傣族传统村寨的保护与开发. 云南民族学院学，2001，11：49 – 52

45. 杨志明．论傣族的生态审美意识．云南师范大学学报，2000，11：47 – 49
46. 杨大禹．云南佛教寺院建筑研究．南京：东南大学出版社，2011
47. 杨昌鸣．云南傣族寺院与佛塔．北京：中国建筑工业出版社，2015
48. 余英，陆元鼎．东南传统聚落研究——人类聚落学的架构．华中建筑，1996，14:42 – 47
49. 云南省设计院《云南民居》编写组．云南民居．中国建筑工业出版社，1986
50. 杨庆光．楚雄彝族传统民居及其聚落研究．[硕士学位论文]．昆明：昆明理工大学，2008
51. 杨庭硕，罗康隆．西南与中原．云南教育出版社，1992
52. 扬盖尔(著)，何人可(译)．交往与空间．北京：中国建筑工业出版社，2002，10
53. 原广司(著)，于天祎(译)．世界聚落教示100．北京：中国建筑工业出版社，2003
54. 朱德普．傣族原始土地崇拜和古代汉族社神之比较．中央民族学院学报，1992，2:15–19
55. 朱德普．傣族神灵崇拜浅说．中南民族学院学报，1996,3:40–44
56. 张琦．贵州屯堡文化村寨的特色及其保护研究．[硕士学位论文]．重庆：重庆大学，2007
57. 张清涛．人居环境之龙华古镇保护措施研究．中国西部科技，2008，34：35 – 36
58. 张薇．《园冶》古典人类宜居环境理论探研．自然科学史研究，2006，3:255 – 268
59. 张春玲．诗意的生活——傣族传统文化之海德格尔式解读．[硕士学位论文]．南京：南京农业大学，2008

图片来源说明:

1. 封面照片由岩晓提供;
2. 上篇图 7-2、图 7-5、图 7-8、图 7-9、图 7-10、图 7-11、图 7-12、图 7-17、图 7-18 改绘自《云南民居》;
3. 上篇图 7-7 改绘自《民居在野》;
4. 上篇图 7-22 改绘自《云南佛教寺院建筑研究》;
5. 上篇图 7-35 改绘自《云南傣族寺院与佛塔》;
6. 上篇图 7-32 改绘自德宏州文保局测绘资料;
7. 上篇图 8-8 为吴奎拍摄;
8. 上篇图第 7 页、14 页、62 页及 127 页插图来源于《绿色盈江 世界共享》;
9. 下篇图 7-1、图 7-2、图 7-3 来源《德宏世居少数民族新民居建筑设计方案》;
10. 其余图纸和照片均为作者自绘、拍摄。

致　谢:

由衷的感谢周湛升、刀保恒、刀保顺、岳小保、杨永生、巴地亚佛爷、第劳嘎佛爷、周湛鸿、张永憨、杨晓平、陈丽萍、李林忠、李加强、李涛、希金、赵见明、段忠钏、吴奎、姬世宁、吕翌、周湛丽、段胜敏、李响、熊威、欧杨、张燕、周湛禄、赵毅等人，对德宏傣族传统村落研究工作给予的大力支持和帮助。特别感谢华中农业大学裘鸿菲、高翅、张斌、吴雪飞等老师对该研究的指导。

大盈江上竹桥

图书在版编目（CIP）数据

云南德宏傣族传统村落研究 / 周静帆，李煜著．——北京：中国建筑工业出版社，2019.10

（德宏州住房和城乡规划建设局村落研究系列丛书）

ISBN 978-7-112-24302-0

Ⅰ．①云… Ⅱ．①周… ②李… Ⅲ．①傣族－村落－建筑艺术－研究－德宏傣族景颇族自治州 Ⅳ．① TU-092.853

中国版本图书馆 CIP 数据核字 (2019) 第 209810 号

责任编辑： 曹　扬

责任校对： 王　烨

顾　　问： 张芝能　刘子明

参　　编： 杨　姣　廖清龙　曾碧晶　王　伟　王其杰

撰写指导： 裘鸿菲　金　梅

傣文书写： 李小喜

出版资助： 德宏傣寨族景颇族自治州住房和城乡规划建设局

德宏州住房和城乡规划建设局村落研究系列丛书

云南德宏傣族传统村落研究

周静帆　李　煜　著

*

中国建筑工业出版社 出版、发行（北京海淀三里河路 9 号）

各地新华书店、建筑书店经销

云南大旗风标传媒有限公司 制版

北京富诚彩色印刷有限公司 印刷

*

开本：880×1230 毫米　横 1/16　印张：8　字数：227 千字

2019 年 11 月第一版　2019 年 11 月第一次印刷

定价：112.00 元

ISBN 978-7-112-24302-0

(34722)